LeYa

O JOGO DA MINHA VIDA

HISTÓRIAS E REFLEXÕES DE UM ATLETA

PAULO ANDRÉ

Dedico esta obra a meus pais, Arnaldo e Lilian, que sempre apoiaram minhas decisões e acreditaram nos meus sonhos. Aos meus primos, João Henrique, companheiro de tantas enrascadas; João Guilherme, que foi quem sugeriu que eu escrevesse o livro; e João Flávio, que, ao lado de Rafael e Mirella, meus irmãos, são meus maiores incentivadores.

Aos meus amigos da AABB, que me acompanham desde quando eu nem sonhava em ser jogador de futebol; à minha amiga e assessora Daniela Torres, que leu e releu incansavelmente cada um dos capítulos e foi quem mais acreditou neste projeto. Ao Juca Kfouri, que confiou no conteúdo e me apresentou à Editora LeYa, possibilitando a publicação deste livro.

E, por fim, a todos os amigos e ídolos que deixaram depoimentos e comentários, muito obrigado.

Sumário

Apresentação

O futebol mudou muito desde 2009, quando voltei a atuar no Brasil após mais de uma década na Europa. O cenário naquele tempo era bem diferente, já que não existiam tantos grandes patrocinadores, e a receita de televisão e o valor dos contratos com empresas de materiais esportivos eram bem menores que os atuais. O aumento no faturamento dos clubes gerou um efeito de retorno de jogadores que estavam na Europa e possibilitou a permanência de grandes promessas no Brasil por mais tempo. Para dar o próximo passo nessa "profissionalização" de nossa paixão nacional, debater de forma aprofundada todo o processo do futebol brasileiro será, com certeza, a melhor saída.

Nesse contexto se insere o livro do meu amigo e companheiro do Corinthians Paulo André. Só o fato de ter conseguido escrever durante o Campeonato Brasileiro já vale destaque. Mas, com senso crítico e a visão do jogador de futebol, Paulo André traz nas páginas seguintes histórias que explanam exatamente como é a vida de um atleta. Os sofrimentos e as carências do tempo de amador. As dúvidas de um recém-profissional e os anseios do boleiro experiente.

Mas não é só de histórias que o Paulo quer falar. É necessário discutir o futebol e melhorá-lo. Considero que suas reflexões e suas sugestões são grandes pontos de partida para o desenvolvimento do futebol brasileiro em questões como as categorias de base, a relação com empresários, o calendário, a pré-temporada, a concentração e, principalmente, a opinião pública, que muitas vezes não reflete a realidade.

Assim como eu, você se envolverá com esta história. Uma alegoria corriqueira para quem está nos bastidores – e acabou tendo de aceitar que as coisas funcionam assim – e surpreendente aos olhos de quem acompanha pelos estádios e pela televisão. Esta é uma obra da vida real do atleta, expondo claramente que é hora de mudar, evoluir.

Você que gosta de futebol e de histórias de boleiros leia, pois garanto que será uma excelente experiência. Se quer pensar sobre possibilidades de aprimorar o esporte no Brasil, leia também e embarque nessa discussão. E se, por fim, você não está nem aí para futebol, ainda assim, tenho certeza de que vai curtir, e muito, cada página.

Ronaldo Fenômeno

Prefácio

Poucas vezes se cruza no mundo do futebol com um atleta tão diferenciado como o Paulo André: sereno, articulado, líder nato e cerebral. Essas qualidades se revelam na elegância do seu futebol, no empenho com que disputa uma partida e na espontaneidade do seu convívio com jogadores e comissão técnica, médicos, o grupo.

Tudo isso (e não é pouco!) os dirigentes do Corinthians constatavam desde a chegada do Paulo ao Timão, anos atrás. Mais: quando eu soube que se dedicava a escrever um livro, imaginava que sairia coisa boa, dada a riqueza do seu discurso coloquial, sua rapidez de raciocínio e sua submissão dogmática à lógica. Entretanto, não há como não se surpreender com a qualidade do produto gerado.

Realmente, com um texto fluente e saboroso, Paulo André nos serve de guia para entendermos as agruras e as atribulações por que passa um jovem que sonha ser jogador de futebol até se consagrar no exterior e vestir a camisa do time mais respeitado do país. No livro, estão registradas a epopeia das peneiras de seleção de crianças, os sacrifícios da adolescência passada em centros de treinamento, a dor física das sucessivas contusões que vêm com a carreira futebolística, a frustração de amargar por meses o banco de reservas. Claro, estão relatadas as alegrias transbordantes que as grandes conquistas engendram, seja por firmar um contrato há tempos almejado, seja pelas grandes vitórias, pelas conquistas inesquecíveis. Mas o lado charmoso do futebol todos já conhecíamos e com ele convivemos pela mídia. O vazio que este livro preenche é o de expor aos curiosos do futebol como é coalhada de dificuldades, injustiças e decepções a carreira de um profissional, ainda que seja tão exitosa como a de Paulo André.

Se já não bastasse o rico conteúdo factual com que nos brinda, o autor não se furta a tomar posições claras quanto às pragas do futebol: empresários inescrupulosos, dirigentes arbitrários. Com a força da sua credibilidade no mundo do futebol, Paulo André presta um serviço ao expor algumas das chagas que atormentam os que querem ver o futebol brasileiro servindo apenas à paixão das massas, e não aos interesses dos poderosos de plantão.

Finalmente, ele consegue nos transmitir um pouco deste casulo secreto, o Grupo. Nos últimos capítulos, o leitor se sente como que bisbilhotando a concentração, os treinos, as viagens, a preleção do técnico antes do jogo. Com a facilidade de um cronista consagrado, ele nos diverte com casos e anedotas ocorridos no convívio com seus pares.

Há um novo Corinthians desabrochando: altivo, ético, engajado, que mobiliza o racional para fazer explodir a paixão da Fiel. Mano Menezes e o capitão William (William Machado de Oliveira, o Capita) balizaram o começo desse processo no futebol do Timão. Tite e Paulo André caracterizam a continuidade desse movimento, que busca alavancar a autoestima e o respeito mútuo dentro do Grupo, o *fair play* aliado à vontade inquebrantável de vencer, a dedicação jesuítica à felicidade da Fiel.

Não posso deixar de me congratular com seus pais pela educação exemplar de Paulo André, que redundou na formação de um cidadão completo, moral, física e intelectualmente.

Que Paulo André tenha amenizado o estresse das vésperas de jogo passadas nas concentrações escrevendo este emocionante relato, é um prêmio para nós, leitores.

Luis Paulo Rosenberg, diretor de Marketing do Corinthians

Introdução

Pouco se sabe sobre o que é ser jogador de futebol, quais foram suas inspirações na vida e no esporte, suas aspirações pessoais, alegrias, sacrifícios e erros. Indo um pouco mais adiante, quase nada se sabe sobre o que se passa na cabeça de um atleta nas concentrações, nos jogos, nos momentos decisivos, nas vitórias ou nas derrotas. Mesmo assim, ser jogador de futebol é o sonho de quase toda criança no Brasil.

Jogar bola e ainda ganhar dinheiro com isso parece ser a melhor profissão que alguém já escolheu. Passar anos da vida nos gramados, atuar para milhares de pessoas todos os fins de semana, ter a chance de defender o time do coração, disputar títulos, desfilar seu talento no Morumbi ou no Maracanã, participar das mesas-redondas na televisão, ter contato com pessoas famosas e mulheres bonitas, dirigir carrões e ainda poder ajudar a família. Tudo isso parece ser o suprassumo dos desejos humanos.

Porém, a realidade daqueles que escolhem essa vida como profissão é muito diferente da que acompanhamos aos fins de semana pela tevê. A última estatística oferecida pela Confederação Brasileira de Futebol (CBF) diz que 86% dos atletas profissionais de futebol no Brasil recebem entre 1 e 3 salários mínimos. Se pensarmos na quantidade de jovens que depositam suas esperanças de um futuro melhor na prática desse esporte, nos assustaremos com a pequena parcela que consegue obter o resultado esperado. Mais que isso, questionaremos o porquê de abrirem mão dos estudos, da adolescência e da convivência com a família desde tão cedo para arriscar todas as suas fichas numa carreira tão incerta.

Eu tenho 28 anos, dos quais 14 foram vividos dentro de clubes de futebol. Sou uma criança perto de monstros sagrados que dedicaram anos e anos de suas vidas e tiveram a oportunidade de trabalhar em todos os setores do esporte: no início como atletas, depois como treinadores, gerentes, diretores e até como presidentes de clube. Apesar disso, sinto que nós, brasileiros, temos uma certa carência com relação ao material bibliográfico oferecido ao público interessado no assunto. Fato este que dificulta o acesso a informações importantes, que poderiam contribuir não só para o entendimento e o crescimento de alguns setores do esporte brasileiro mas também para a formação e a capacitação de novos profissionais.

Por isso, resolvi escrever este livro, como forma de oferecer aos apaixonados pelo esporte – bem como a futuros jogadores e seus pais – algumas experiências de dentro do futebol, assim como algumas sugestões para viver e sobreviver dentro desse mundo seleto de pessoas que conseguiram, com talento, disposição, sacrifício e superação, mudar o rumo de suas vidas para sempre. Espero levá-los a quebrar ou entender alguns paradigmas com relação à profissão "jogador de futebol", acreditando que um dia talvez possamos elevar a classe dos atletas e, quem sabe, mudar a imagem que é transmitida à sociedade atualmente.

Optei por dividir a obra em três unidades: Futebol amador, Futebol profissional e Reflexões. Em cada uma delas, você poderá acompanhar todas as dificuldades que eu e a maioria de meus colegas enfrentamos para chegar ao limite de nossas capacidades.

Gênios ou não, melhores da história ou não, pernas de pau ou não, todos somos seres humanos, com sentimentos muito parecidos, instintos idênticos e uma capacidade de aprender e de se adaptar fora do comum. Usemos o nosso conhecimento para o bem do futebol brasileiro.

Parte I

Futebol amador

Juca Kfouri, jornalista esportivo

"Mais que o relato de alguém que, como tantos, começou cedo no mundo futebolístico, o que você lerá aqui é uma reflexão como jamais feita por um jogador de futebol brasileiro, com instigante profundidade e realmente digna de se perpetuar num livro como este.

Paulo André saiu de um certo ostracismo a que seguidas contusões o obrigaram depois que voltou ao Brasil não só como o comandante da defesa corintiana que garantiu o pentacampeonato brasileiro, mas, principalmente (se é que alguma coisa pode ser mais importante...), como uma cabeça rara num meio ultimamente tão alienado e pouco afeito a elaborações mais sofisticadas.

A lucidez de seu testemunho e a clareza com que escreve o inscrevem no rol de pensadores do futebol, infelizmente com muito mais representantes fora do país do que dentro.

Vida longa a Paulo André!"

1

Hora de sair de casa

“ **Perseverança,** foco e força de vontade sempre foram características do Paulo André. Isso me deu muita segurança quando ele saiu de casa, mas... Quanta angústia ver um menino de 14 anos ir sozinho para São Paulo, pegar três ônibus e metrô para chegar ao treino... Será que ele vai se alimentar direito? Será que vai pedir ajuda quando precisar? Será que levou as roupas adequadas? Ah! Quanto orar... Acho que Deus e os anjos já tapavam os ouvidos quando ouviam a minha voz, de tanto que rezei...

Que alegria nos fins de semana quando ele podia voltar... Mas nunca perdi a esperança e sempre o incentivei a realizar seu sonho. ”

Mirian C. Benini, mãe

Em 1993, aos 10 anos de idade, atingi o auge da minha carreira de atleta infantil ao ser campeão do torneio de tênis Raquete de Ouro e receber o troféu de melhor jogador de futsal de Campinas, minha cidade natal. Relíquias guardadas até hoje na estante de casa, ao lado de outras dezenas de troféus daquela época.

Eu gostava tanto de esporte, que passei minha infância e minha adolescência inteiras treinando durante a semana e viajando nos fins de semana para disputar campeonatos. Tênis e futebol eram as minhas paixões, e cheguei a ocupar o segundo lugar no ranking da Federação Paulista de Tênis. Tinha talento, pelo menos é o que diz até hoje o especialista lá de casa.

Arnaldo Benini, meu pai, sempre foi doente por esportes, daqueles que sabiam a escalação completa de qualquer time do campeonato escocês de futebol ou da seleção japonesa de vôlei feminino. Para qualquer assunto ele tinha seu ponto de vista e uma maneira de fazer melhor. Mesmo que nunca tivesse jogado beisebol ou golfe, dava seus pitacos. O único momento em que ele não falava, só xingava, era quando escutava pelo radinho de pilhas os jogos do seu amado Corinthians. Por conta dessa paixão de família, sempre quis que meu futuro estivesse envolvido com esporte. Poderia ser um jogador profissional ou, no mínimo, ganharia a vida sendo um bom professor.

Nessa época, eu e meus amigos frequentávamos a Associação Atlética Banco do Brasil (AABB) de Campinas, um clube associativo que servia como nossa segunda casa. Íamos todos os dias após a escola e praticávamos outros esportes além do tênis e do futsal, como, por exemplo, o vôlei, o basquete e o judô. Na verdade, nossa turma sabia jogar um pouco de tudo, e passávamos os dias competindo uns contra os outros pelos campos, pelas quadras e pelos ginásios. Apesar disso, foi só em meados de 1996 que resolvemos nos dedicar de verdade ao futebol de campo, e o motivo que despertou nosso interesse para o "campão" foi a chegada do Valter ao clube.

O Valter era um menino franzino, baixo e de olhos verdes esbugalhados. Sua presença me chamou a atenção pela primeira vez quando fui assistir a um jogo de futebol soçaite. Atacante rápido, canhoto e com um chute muito forte, estava acabando com a partida. Ele tinha 16 anos e era, sem dúvida, o melhor de nós. A partir daquele dia, ficamos amigos, e ele nos contou que vivia fazendo testes pelos times do interior com o sonho de ser jogador de futebol para ajudar a família a ter melhores condições de vida. Era um rapaz muito simples, trabalhava no McDonald's durante o dia e jogava bola com a gente quase todas as noites, depois que saía do emprego.

Foi através dele que, tempos depois, conhecemos o Murilo, seu primo mais novo. Natural de Campo Grande (MS), tinha deixado sua cidade natal aos 15 anos para jogar no infantil do São Paulo Futebol Clube. Ele até teve sucesso no primeiro ano e foi destaque da equipe campeã paulista em 1997, mas, com a chegada de novos garotos e a transição para a equipe juvenil, parou de ser relacionado para os jogos. Por isso, passou a vir regularmente para Campinas nos fins de semana, onde visitava os parentes e jogava bola com a gente na AABB.

Com o Valter e o Murilo, nosso time ficava muito forte, o que despertava ainda mais nosso interesse em jogar bola. O Murilo era meia-direita, mesma posição em que eu jogava na época, tinha grandes qualidades técnicas, e ninguém duvidava que ele seria profissional em pouco tempo. Por achar que eu não era tão pior que ele, comecei a desconfiar de que eu também poderia tentar. Então foi aí, por volta dos meus 14 anos, que decidi ser jogador de futebol.

Um outro amigo, o Gustavo, pela mesma motivação – a de não ser tão pior que nosso parceiro de Campo Grande –, resolveu tentar a sorte e passou a ser meu companheiro de treinos durante a semana. Saíamos da aula, almoçávamos em casa e íamos direto para o clube, chutar bola e fazer exercícios no campão da AABB, sempre esperando que no domingo de manhã, dia do nosso jogo, houvesse um olheiro que nos levaria para um time de futebol.

Depois de muitas tentativas de contatos com "empresários", amigos e pessoas envolvidas com futebol tanto na Ponte Preta quanto no Guarani de Campinas, percebemos como era difícil se aproximar desse meio tão reservado das categorias de base dos clubes. Passamos meses tentando, e nada de sequer chegar perto dos testes e das peneiras. De qualquer forma, continuávamos a jogar todos os fins de semana contra times das comunidades próximas ao clube e em campeonatos de várzea, que sempre reuniam bons jogadores e traziam grandes experiências.

Não vou negar que o Murilo e o Valter eram os grandes destaques dos jogos, e todos na AABB gostavam de vê-los jogar. A fama deles fez com que, certo dia, um tal de Carlinhos Magalhães aparecesse no clube. Ficamos sabendo que era um ex-jogador da Ponte Preta e antigo treinador das categorias de base do SPFC, responsável por revelar Cafu. Seu Carlinhos, como era chamado, queria levar os primos para algum clube, pois aqueles talentos não poderiam ser desperdiçados. Eu e o Gustavo, na ânsia de não perder a oportunidade de estar frente a frente com alguém do ramo, arriscamos pedir uma ajuda, uma indicação. Ele se esquivou e disse que voltaria na semana seguinte para nos ver jogar.

Tínhamos o costume de, aos sábados, nos reunir na casa de alguém da turma para conversar. Nesses encontros, fingíamos dar entrevistas e falar como jogadores de futebol. Fazíamos a apresentação a um novo clube, vestindo a camisa e piscando a lanterna, como se fossem flashes das inúmeras fotos que os jornalistas estavam tirando daquele momento. Sonhávamos alto e nos divertíamos com tudo aquilo.

A impressão era de que tinham se passado meses até seu Carlinhos voltar a visitar o clube para assistir ao nosso jogo. Lembro-me do meu nervosismo quando vi aquele senhor de cabelos brancos sentado atrás do gol, observando e conversando com alguém. Fiz de tudo para agradá-lo. Quando não estava com a bola nos pés, ficava imaginando se ele estava gostando da minha atuação, estava louco para fazer um gol e impressioná-lo. Mas não foi dessa vez que ele gostou de mim porque, ao final da partida, se limitou a perguntar por que, com toda aquela altura, eu não era zagueiro (já media mais de 1,80 metro). Eu nem lembro o que respondi, tamanha a minha decepção. Fui embora triste, me perguntando se aquilo ali realmente era para mim.

Apesar disso, continuei treinando todos os dias com o Gustavo, até que as visitas do seu Carlinhos se tornaram mais frequentes. Ele passou a conversar conosco, dando algumas dicas, conselhos e exemplos de grandes jogadores, para que aprendêssemos algo. Depois de algumas semanas e bons jogos, ele começou a cogitar a possibilidade de nos indicar para seus velhos amigos que ainda estavam trabalhando com futebol. O primeiro que ele ajudou foi o Valter, que já tinha idade de Juniores e foi levado para um teste no SPFC, que possuía na época o Pita (ex-jogador) como treinador. Uma semana depois, foi a minha vez.

Combinamos que seu Carlinhos passaria em casa na segunda-feira pela manhã. Eu faltaria à escola, coisa quase impossível de a minha mãe deixar acontecer, e iria com ele ao Morumbi, onde conheceria o treinador do infantil, o Silva, e agendaria meu primeiro teste. Lembro-me da minha mãe dizendo:

— Filho, você volta, não é? Nem que seja só para fazer a mala e voltar para o teste, certo?

Eu disse:

— Claro, mãe!

Ela, assim como toda mãe, já sabia o que estava por vir. Eu nunca mais voltei. Ao chegar ao clube naquela manhã, o treinador sugeriu que eu ficasse alojado para treinar no dia seguinte. Pensei em minha mãe na hora e dei uma desculpa para não ficar, dizendo que não tinha roupa nem nada. Seu Carlinhos, porém, lembrou-se de que o Valter viria novamente naquela tarde e poderia passar em minha casa para trazer uma mala de roupas.

E foi assim que, aos 14 anos, eu saí de casa. Sensação do sonho realizado e do medo do amanhã. Vergonha dos outros jogadores no quarto, no refeitório e no vestiário. A pressão em cada lance de que eu participava e o banho frio no Morumbi em pleno inverno paulistano estão até hoje gravados em minha memória. Foram dez dias de dúvidas, sonhos e dificuldades, até que o treinador dissesse que eu havia passado no teste (como meia-direita) e que deveria trazer meus documentos para a inscrição no campeonato e na escola. Contrastando com a minha felicidade, o Valter apareceu no refeitório dizendo que havia sido reprovado e iria embora. Naquela noite, percebi que dali para a frente eu estaria sozinho na busca pelo meu sonho. Um garoto sem a menor ideia do que estava por vir e muito menos da falta que sentiria de casa e dos amigos.

O Gustavo, o Valter e o Murilo chegaram a ser jogadores profissionais da quarta e da quinta divisões do Estado de São Paulo e rodaram inúmeros clubes do interior até decidirem voltar para casa e seguirem outros caminhos. Infelizmente não conseguiram realizar esse sonho, mas foram homens e souberam recomeçar suas vidas, cada um em uma área específica. O Gustavo, por exemplo, é doutorando em treinamento de força pela Universidade Estadual de Campinas (Unicamp), e o Valter é gerente de uma empresa no ramo de freios automotivos. O Murilo trabalha com preparação física em um clube do interior de São Paulo. Continuamos amigos até hoje, e sou grato por tudo o que fizeram por mim, pelos seus conselhos, pelos treinos e pela amizade, porque sem eles não teria chegado aonde cheguei.

2

Vida no alojamento: uma nova realidade

"**Tive a maravilhosa** experiência de participar, dos 12 aos 18 anos de idade, das categorias de base de um grande clube de futebol. Esse período me serviu de escola não só para o futebol, mas principalmente para a vida.

A convivência com outros garotos que optaram por deixar, ainda meninos, familiares e amigos para viver a vida sofrida de um alojamento me fez entender o quanto eu precisaria ser um guerreiro para realizar o sonho de um dia poder fazer parte da equipe profissional e vestir, por uma única vez que fosse, a camisa da Seleção Brasileira.

Por isso a minha gratidão a cada um que fez com que os anos de categoria de base fossem inesquecíveis."

Kaká, jogador de futebol, pentacampeão do mundo em 2002 com a Seleção Brasileira

Passei a minha adolescência toda morando em alojamentos. No início, dormíamos em triliches e éramos 12 ou 14 dividindo o mesmo quarto. A frequência com que chegavam e saíam jovens para testes era assustadora, e isso não nos permitia saber quem seria o próximo a deixar o time. Essa alta rotatividade fazia com que conhecêssemos todo tipo de gente: boas e ruins, religiosas ou não, pobres ou ricas, bagunceiras ou organizadas. Ao longo do tempo e apesar das diferenças, aprendemos a nos respeitar, a dormir com as luzes acesas (porque a vontade de um não era mais importante que a dos outros 13), a acordar cedo, a correr atrás do sonho e a dar valor a cada dia mais que permanecíamos naquele lugar. Passamos também a valorizar a comida, a família e os poucos amigos que possuíamos, pois percebemos como era difícil viver sem eles.

Dentro do alojamento não tínhamos televisão, jornal, nem mesmo um rádio para escutar música. Lembro-me de um armário de 30 cm × 80 cm, o qual aprendi a arrombar logo na minha primeira semana porque o supervisor não nos fornecia a chave. Era naquele espaço que cada um guardava suas preciosidades — uma foto da família, uma roupa nova e um desodorante diferente. Nessa fase tivemos os mais variados exemplos e lições, com os quais aqueles que estavam abertos a novas informações aprenderam muito, não só de futebol, mas, principalmente, de vida. Acabamos nos tornando homens mais cedo, alguns realmente amadurecendo, outros pulando uma etapa da formação, obrigados a se desenvolver para sobreviver naquele meio.

Nesse tempo, fiz grandes amizades, conheci pessoas incríveis de todos os cantos do país, as quais me ensinaram coisas que jamais vou esquecer. Aprendi sobre a dedicação ao trabalho e a luta diária para permanecer ali, como se a bola fosse um prato de comida e a única salvação para uma vida melhor; o zelo para com cada bem conquistado ou comprado; a oração a cada vez que nos sentávamos para uma refeição e, é claro, as coisas que qualquer adolescente apronta por aí.

Aos 15 anos, éramos senhores do nosso próprio destino. Trinta jovens que optaram por deixar tudo para trás, a centenas de quilômetros de suas casas, sem a menor certeza de que aquela seria a escolha certa. Vivíamos dentro do clube, sem acesso a outras atividades que não o futebol, e não conhecíamos ninguém na cidade, já que não tínhamos muito tempo livre por causa dos treinos e dos jogos da rotina do futebol. Apesar disso, precisávamos tentar levar uma vida de adolescentes normais, assumir nossas responsabilidades de ir à escola no período noturno, mesmo exaustos depois de um dia cansativo de treinos. Nas manhãs e nas tardes de folga, andávamos alguns quilômetros do Centro de Treinamento até o orelhão mais próximo. Aprendi a usá-lo sem colocar ficha ou cartão, só para poder falar por horas com a família e os amigos. Essa era a nossa maior diversão, em plena adolescência. O sábado à noite era o único dia em que podíamos chegar depois das 23 h no CT, e a maioria do pessoal aproveitava para namorar.

O clube impunha regras de horário e comportamento para tentar garantir que a molecada não abusaria da liberdade e da ausência da figura paterna no dia a dia. As punições aplicadas em caso de falta eram sempre esportivas, como nos obrigar a fazer uma semana somente de treinos físicos, sair do time titular ou até ser mandado embora. Assim, o medo de perder a oportunidade de jogar em um grande clube e a nossa própria consciência nos controlavam. A vontade de vencer na vida fazia com que resistíssemos às tentações, à saudade e ao trabalho árduo. Mas é claro que víamos de vez em quando atletas pulando o muro para encontrar uma namorada e outros chegando alcoolizados no meio da madrugada. O problema é que, quando eram jogadores muito bons e com futuro promissor, o clube passava a mão na cabeça e fingia que nada tinha acontecido, tudo para evitar perdê-los para outros times.

Um exemplo que posso contar é de quando ainda estávamos nos Juniores, e um grande jogador (conhecido pelo público até hoje) invadiu a rouparia do clube na madrugada e roubou todas as chuteiras. No dia seguinte pela manhã, ao chegar para treinar, nos assustamos com aquilo. Ninguém fazia ideia de quem era o responsável ou por que teria feito isso. O treino, para não ser cancelado, foi alterado para a quadra, pois assim poderíamos utilizar os tênis de corrida. A diretoria prometeu averiguar o ocorrido enquanto comprava chuteiras novas para todos os atletas. Quanto ao culpado, foi comprovado, segundo anotação de um porteiro, que um atleta havia deixado o clube às 2h15 da madrugada, carregando dois sacos de lixo cheios de coisas dentro. Com o jogador não aconteceu nada, pois todos sabiam que ele era um dos melhores do time e encheria os cofres do clube em uma eventual transferência.

Nessa época, ganhávamos 120 reais por mês de ajuda de custo do clube, que serviam para cortar o cabelo, comprar xampu e pasta de dente, pegar a lotação até o shopping mais próximo e de vez em nunca comer um lanche no McDonald's. Lembro-me de quando essa ajuda de custo atrasava, e as pastas de dente e os desodorantes começavam a ser emprestados ou roubados. Eram momentos de tensão no quarto.

Alguns gênios das finanças ainda conseguiam mandar dinheiro para casa ou juntavam um pouco por mês para, no fim do ano, poder passar as férias com a família no Norte ou no Nordeste do país, em suas cidades natais. A maioria dos garotos ficava quase um ano sem ver os pais, por falta de tempo ou de dinheiro para viajar, o que significa que, em idade de plena formação, éramos "criados" pelo clube. Eu tinha a sorte de morar a cem quilômetros do alojamento, o que me permitia ir para casa quase todos os fins de semana de folga. Estava em contato com meus parentes e amigos de infância, o que me fazia muito bem e me tirava um pouco da realidade do futebol, mesmo que por um curto período. Às vezes levava os amigos do time para passar o fim de semana com minha família, desfrutar uma comida caseira e esquecer nossa "prisão".

Às quartas-feiras à noite, nos reuníamos entre três ou quatro amigos e fazíamos uma vaquinha para comprar duas pizzas. Descíamos até a guarita do segurança no portão do CT e comíamos com as mãos e um copo de Tubaína. Tudo para não ter de dividir com outros 25 atletas que nem eram tão amigos assim. Nessas noites, conversávamos por horas e descobríamos ter muito mais em comum do que só o sonho de ser jogador de futebol. Os medos e as inseguranças eram muito parecidos; as dúvidas com relação à vida, ao futuro e às primeiras namoradas, também. Nessas conversas ficava claro que o companheirismo era a única forma de superar tantas dificuldades, e que esse seria o caminho mais curto (ou menos dolorido) para alcançarmos nossos sonhos. Às sextas-feiras, repetíamos o piquenique, só que dessa vez a vaquinha era feita pelo quarto todo para comprar bolachas Pica-Pau, salgadinhos Torcida e mais Tubaína. Um tipo de comemoração pela dura semana de trabalho e um relaxamento para o jogo do fim de semana.

À medida que subíamos de categoria — de Infantil para Júvenil e depois para os Juniores —, muitos colegas ficavam para trás e não acompanhavam a evolução necessária para seguir adiante. Em outros casos, jogadores de empresários, indicados por diretores ou pelo próprio treinador, chegavam ao clube e tomavam o lugar de quem já estava ali há um bom tempo. Quem saía ou era dispensado rodava o país em busca de testes para recomeçar a carreira em outro lugar. Entre os que ficavam, a disputa era surreal e lembrava a época dos gladiadores romanos, que dormiam juntos nas celas e lutavam entre si em favor da própria sobrevivência na arena. Não lutávamos até a morte, mas, ainda assim, poderíamos perder nosso lugar no time, o que para muitos significava "matar" a única esperança de um futuro longe da miséria.

Essas situações me faziam questionar o sistema, a real necessidade de ser dessa maneira. Eu pensava muito sobre o valor das escolhas e das prioridades que havíamos assumido tão cedo. Pergunto-me até hoje por que eu e tantos outros tivemos de passar tanto tempo ali dentro, alojados, concentrados? Por que treinar em dois períodos nessa idade, tão jovens? Será que o corpo não pagará caro por isso na fase adulta? Por que se especializar tão cedo em uma área e deixar todo o resto de lado? Na minha cabeça, éramos tratados como cavalos que comem e descansam bem para depois correr.

E qual era a garantia de que aquilo daria certo? Praticamente nenhuma, porque, dos que conheci, quase ninguém conseguiu se tornar um profissional de sucesso. A maioria ficou pelo caminho sem saber que rumo tomar na vida, porque não fazíamos mais nada além de jogar futebol.

Até hoje penso no que deixamos de viver e aprender nesse período. Por que não desenvolver outras habilidades além do futebol? Será que outros aprendizados seriam conflitantes para o nosso desenvolvimento futebolístico ou viriam a nos ajudar?

Apesar desse questionamento que está em mim até hoje, às vezes tenho saudade do tempo em que vivi no alojamento. As amizades sinceras, o aprendizado diário e a valorização de tudo o que não possuíamos são coisas que trago comigo até hoje. Só não sinto falta das dúvidas. E a principal delas era o medo de que tudo aquilo não desse certo. Se o sonho acabasse ali, o que eu faria da vida? Essa pergunta martelava minha cabeça diariamente, e por causa disso comecei a ler livros didáticos e estudar coisas de meu interesse, já que não queria ficar atrás de meus irmãos e amigos, que continuavam em Campinas estudando e se formando. Era impossível me preparar no colégio em que eu estudava à noite (onde o próprio clube havia me matriculado), já que na aula de Matemática do segundo colegial (hoje ensino médio) estavam ensinando a dividir com duas casas decimais. Acho que aprendi isso no primário. Era ainda mais chocante ouvir a professora de Português pedir para que a partir daquele dia escrevêssemos sempre "comeram", "falaram", em vez de "comerão", "falarão", pois assim acertaríamos 80% das vezes. Aquilo me revoltava, então resolvi levar livros do meu irmão mais velho para a sala de aula e estudar por conta própria.

Infelizmente, até hoje os problemas socioeducacionais no Brasil acabam resultando em alojamentos cheios, com milhares de jovens buscando no futebol a única opção para um futuro melhor, quando na verdade o esporte deveria ser uma escolha profissional cujo desenvolvimento ocorre com o tempo, paralelamente aos estudos.

Por isso, sou absolutamente contra o prejulgamento de jovens talentosos que viraram astros, mas não conseguem se expressar direito ou não possuem o mínimo de conhecimento cultural. Posso afirmar com propriedade que sabíamos que o colégio era importante, mas a prioridade sempre fora o futebol, porque, naqueles moldes, o foco e a dedicação total eram os únicos meios de permanecer no clube, vislumbrando a possibilidade de chegar ao profissional e conseguir, finalmente, um bom salário e uma vida melhor. O problema é que, quando o sucesso chega à carreira, o intelecto ficou lá no alojamento das categorias de base.

3

Profissão zagueiro

“**Para muitos, zagueiros** são ‘chatos’ pois estão ali para impedir o gol e atrapalhar a festa dos torcedores nas arquibancadas. Meu pai dizia que lá atrás não é lugar para brincadeiras.

Entendi, ao longo de minha carreira, que o bom zagueiro é aquele que conduz a dança – leva o atacante para onde ele não quer estar – e comanda seu time em campo. Já o defensor comum é ‘conduzido’, ou seja, reage à ação do atacante. Mas como é belo assistir a um exímio zagueiro praticando a bela arte de neutralizar uma jogada sem fazer falta.

É necessário mais inteligência do que força para ser um excelente marcador. Juntas, as duas qualidades representam a perfeição.”

William Capita, ex-capitão do Corinthians

Em janeiro de 1999, depois de quatro meses vivendo como jogador de futebol, eu estava subindo do Infantil para o Juvenil do São Paulo Futebol Clube. O Murilo, meu amigo, já havia sido mandado embora do clube, e alguns de seus erros me serviram de guia para que eu não cometesse as mesmas falhas naquela difícil transição de categoria.

Ao me apresentar para o início dos treinos daquele ano, percebi que estávamos em grande número. Éramos 64 jogadores, todos federados, inscritos pelo clube e buscando uma vaga na equipe. O treinador Heriberto da Cunha (ex-jogador do SPFC) chamou todos em uma sala de reunião e disse que a política do clube havia mudado e que, naquele ano, não haveria mais equipe B. Com isso, apenas 30 jogadores ficariam no elenco, e os outros seriam dispensados para procurar um novo time. Antes dessa seleção, teríamos uma semana de treinos físicos e então, na semana seguinte, treinos coletivos para avaliação e seleção dos escolhidos.

Assim que acabou, ele saiu da sala e nos deixou nas mãos do preparador físico, que explicou toda a programação e os horários dos treinos. Começamos com testes de percentual de gordura e depois subimos ao campo para o trabalho. Aquela foi a primeira pré-temporada da minha vida, com treinos em dois ou três períodos do dia. Foi a coisa mais sofrida que já vivi ao redor de um campo de futebol. Também pudera, eu nunca havia feito um treino físico de verdade e na época nem gostava de correr. Eu era meia-direita, daqueles jogadores mais clássicos que tinham bom passe e boa visão de jogo. Grosso modo, eu era mais de "pensar" e deixar os companheiros na cara do gol, e não de correr. De qualquer forma, logo percebi que, se quisesse ficar, teria de mudar a estratégia.

Entre os desgastantes períodos de treino, as conversas no refeitório e nos quartos eram sempre sobre a lista de dispensas. Histórias não paravam de chegar, sobre a preferência do treinador por esse ou aquele, sobre a data da lista e o futuro. A preocupação de poder não mais fazer parte daquele sonho estava acabando com as minhas poucas horas de descanso, e o desespero começou a me consumir — aliás, consumia quase todos. Por causa disso, os treinos físicos viraram competição, e cada atleta tentava mostrar mais vontade e condições para permanecer no grupo. Apesar da vontade e da garra, eu era sempre o último. Em qualquer tipo de treino – resistência, velocidade ou força —, lá estava eu, correndo, literalmente, atrás do meu sonho.

Sobrevivi à primeira semana, não sei como. Aproveitei o domingo para descansar, pois ainda estava cheio de dores musculares, como se tivesse sido atropelado por um caminhão. Precisava estar bem para o primeiro coletivo que aconteceria na manhã seguinte, até porque, depois de uma semana alojado e tendo observado os 64 atletas, já sabia quem era quem e quem brigava pelo quê. Para piorar a minha situação, os melhores jogadores do time eram os meias (justamente a minha posição): o Marquinhos (Marcos Vicente dos Santos), o Renato Medeiros e um tal de Kaká, um magrelo alto que sempre puxava a fila nos treinos físicos. Pensava comigo: "É muito azar para uma pessoa só, eu não mereço".

No dia seguinte, acordamos cedo, tomamos café e seguimos para o antigo Centro de Treinamento de Cotia, em direção ao Km 47 da Rodovia Raposo Tavares, onde treinaríamos. Havia uma lista com os nomes dos times titular e reserva, composta por atletas que se destacaram no ano anterior e outros nascidos em 1982 que estavam no segundo ano de Juvenil. Eles começariam o treino enquanto eu e tantos outros meninos deveríamos sentar em fila no gramado para passar nosso nome e posição. Como estávamos subindo do Infantil, éramos desconhecidos para o treinador.

Ao começarem a anotar, me movimentei para o fim da fila e fiquei contando as posições. Quando chegou a minha vez de falar, eu já tinha feito a conta na cabeça. Éramos 12 meias, 16 volantes e oito zagueiros. Numa conta ainda mais rápida, decidi que só ficariam cinco meias, seis volantes e cinco ou seis zagueiros. Somando-se laterais, goleiros e atacantes, chegaríamos aos 30 jogadores que deveriam permanecer no elenco.

Eis a minha chance, pensei. O auxiliar técnico perguntou:

— E aí, grandão, seu nome e joga de quê?

Eu disse:

— Paulo, sou zagueiro.

Alguns amigos me olharam e não entenderam nada, mas eu fiquei firme.

Enquanto isso, o treino começava, e a disputa corria solta. Com aquelas anotações, a comissão técnica montou cinco times, e eu fui colocado exatamente no quinto, sendo o nono zagueiro do elenco. Depois de um bom tempo de espera, assistindo àqueles duelos e disputas pela bola e pelas posições, chegou a minha vez de mostrar alguma coisa. Por sorte, fiz dupla com o zagueiro do time titular, Fábio Braghetto, que entrou para completar o último coletivo do dia e facilitou muito a minha vida. Fiz um ótimo treino, acertei tudo. Mesmo nunca tendo jogado como zagueiro na vida, parece que eu sabia o que tinha de fazer. Não é que seu Carlinhos Magalhães tinha razão?

Ao subir no ônibus para voltar ao CT, o treinador, sentado na primeira poltrona à direita, me disse:

— Garoto, de onde você é e em que série está?

Meu coração foi a mil. Ele não tinha falado com ninguém o dia inteiro, por que comigo? Eu respondi, cheio de vergonha:

— Sou de Campinas, estou no segundo colegial.

Fim de papo.

No dia seguinte, mais um coletivo, e novamente treinei bem. Comecei a ficar confiante, e os dias foram ficando mais leves e alegres. Chegou a sexta-feira, e, após o último treino, cerca de 15 meninos foram chamados à sala do supervisor do clube. Ao voltar, a maioria estava chorando. Todos foram dispensados. Tristeza e comoção. Parecia o Big Brother Brasil, que na época nem existia, porque não sabíamos se ficávamos tristes pelos que foram ou felizes por termos permanecido.

Isso se repetiu por mais duas semanas, e, a cada uma delas, mais jovens ficavam sem clube para jogar. Foi no fim dessa segunda semana que, durante o almoço, o supervisor entrou no refeitório e pediu que eu fosse à administração logo que terminasse de comer. Os garotos presentes à mesa me olharam, surpresos. Aguentei firme, terminei de almoçar e, antes de encontrá-lo, resolvi passar no quarto. Abri a Bíblia e fiz uma oração. Era ali, somente nesses momentos, que eu conseguia me abrir, demonstrar fraqueza e pedir ajuda. A sensação de que ela continha as respostas para o meu sofrimento me consolava. Coloquei-a sobre a cama e marchei, solitário, em direção ao que poderia ser o meu julgamento final.

Ao entrar na sala, o supervisor foi curto e grosso:

— Preciso dos teus documentos para fazer a matrícula na escola, onde estão?

— Estão em Campinas, posso trazê-los na segunda-feira?

— Sim. Era só isso, pode sair.

Eu queria gritar, queria pular, mas me contive. Fui para o quarto, deitei e agradeci aos céus. Eu tinha conseguido, estava garantido no elenco. O único problema, como previsto, é que eu era o sexto zagueiro do time. Teoricamente demoraria para conquistar uma vaga de titular. “Mas pelo menos eu estava lá”, pensei.

No futebol a gente sempre se engana, é um esporte cheio de surpresas e dinamismos, e naquele ano não foi diferente. Cheguei até a ser capitão da equipe titular algumas vezes. Foi um período de muito trabalho, aprendizado, paciência e cortes durante o ano todo — na gíria do futebol, corte é quando o treinador convoca 20 atletas e no vestiário, antes do jogo, corta dois, porque só 18 entram na súmula da partida. Fomos vice-campeões no Paulista Juvenil, em 1999. Perdemos a final para o Guarani de Campinas, e nesses dois últimos jogos também fui cortado.

Essa é uma história que pouca gente sabia. Durante muito tempo, pensei: “Ninguém nasce zagueiro, ninguém quer ser zagueiro. É a posição mais chata do futebol, brigando lado a lado com a de goleiro, mas o goleiro ainda tem uma roupa diferente, usa luvas e de vez em quando faz milagres. O zagueiro, nem isso. Normalmente são empurrados para a zaga aqueles sem habilidade ou agilidade, que são obrigados a ficar lá atrás dando bico na bola, enquanto o resto do pessoal se diverte”.

Treze anos depois, minha opinião mudou completamente sobre o assunto. Nunca pensei que fosse dar tão certo, nem que eu chegaria tão longe. E não posso negar que essa foi a única posição que me permitiu sobreviver no futebol. Por mais que não tenha sido paixão à primeira vista, hoje sou apaixonado por ela. É incrível ser zagueiro.

O que aprendi com tudo isso?

Por ter enfrentado algumas limitações físicas de força, velocidade e agilidade no início da minha empreitada — em grande parte dadas a algumas características do meu próprio biótipo e genética —, trabalhei ainda mais duro para me equiparar aos demais na parte física. Essas carências me fizeram procurar outras opções técnicas, como a qualidade do passe, a antevisão da jogada e, consequentemente, um bom posicionamento, fundamentais para a função de defensor. Além disso, me especializei nas jogadas aéreas, favorecido pela altura e pelo bom tempo de bola, o que acabou sendo um diferencial.

Infelizmente, essa análise e evolução não foram direcionadas por nenhum profissional capacitado, mas foram dirigidas e instruídas por mim mesmo e captadas a cada vez que cometia uma falha nos treinos e nos jogos. A dificuldade me tornou melhor, mais forte e preparado para o que estava por vir. É claro que tive bons conselhos e bons treinadores, mas nenhum entrou na individualidade do treinamento ou do ser humano com que estavam lidando.

Sem professores didáticos, tive de aprender por meio de exemplos alheios, observando muito todos aqueles que eu admirava e os que estavam próximos de mim, tanto os melhores quanto os piores. Morar por quatro anos debaixo das arquibancadas do Morumbi numa época em que os maiores jogos do Brasil eram disputados ali me ajudou muito. O Morumbi era palco de todas as finais, tanto do SPFC quanto do Corinthians, do Palmeiras e do Santos. Eu via um ou dois jogos por semana e acho que aprendi muito. Dos zagueiros que mais me chamaram a atenção, estão o italiano Paolo Maldini e o paraguaio Gamarra — dois grandes jogadores e ídolos que acompanhei ao longo de suas carreiras. Eles me inspiraram a tentar ser como eles, por isso adquiri virtudes e evitei defeitos, por conseguir receber, analisar e filtrar essas informações.

Se pudesse dar um conselho para um jovem zagueiro que está iniciando, seria o de observar bastante os ídolos, em suas qualidades e seus defeitos, e tentar usar tudo isso a seu favor. Não espere informações dos outros, porque quase ninguém entende o que se passa ali, dentro do campo. Porém, dê ouvidos a todos, pois sempre se pode aprender alguma coisa nova. Diminua suas deficiências técnicas ou físicas por meio de muito trabalho e repetição e busque aprender sobre todas as vertentes do esporte, como a preparação física, a alimentação equilibrada e a tática do jogo. E, por fim, foque em aprimorar suas qualidades, aquilo em que você é realmente bom. Isso fará a diferença.

4

O primeiro empresário

“ **Cair nas mãos** de empresários que só pensavam em ganhar dinheiro fácil e rápido, sem medir as consequências, foi, como pai, a experiência mais traumática da difícil carreira do Paulo André. Por isso faço um alerta aos pais que sonham com uma carreira no esporte para seus filhos: a escolha de um agente confiável é a principal coisa a se fazer. ”

Arnaldo Benini, pai

Eu tive meu primeiro empresário aos 16 anos e me lembro como se fosse hoje do dia em que assinei o contrato. Eu e meu pai chegamos a um prédio comercial muito chique na região dos Jardins, bairro nobre da cidade de São Paulo. Fizemos o cadastro na recepção e subimos ao oitavo andar. Ao sair do elevador, nos deparamos com uma porta de vidro imponente, com a logomarca da empresa estampada bem na nossa cara. A impressão era de que ela separava o passado difícil e o presente duvidoso da esperança de um futuro promissor que se encontrava lá dentro.

A secretária nos recebeu bem, ofereceu um café e saiu, pedindo licença. Na sala de espera, nos deparamos com quadros pendurados nas paredes, camisas e assinaturas de diversos jogadores famosos, além de pôsteres gigantes dos principais atletas que ele representava. Tinha até gente da Seleção. Sentei no sofá ao lado do meu pai e aproveitei para ensaiar o discurso, definindo o que e como deveríamos falar. Tínhamos dúvidas e queríamos discutir e entender antes de assinar qualquer coisa. Dentre elas, não sabíamos como funcionava a comissão a ser paga ao empresário, o tempo de contrato e a multa rescisória.

Depois de quase uma hora, a secretária pediu que entrássemos na sala de reunião. Minhas mãos começaram a suar e me esqueci de tudo o que havia combinado com meu pai. Ao passar pelas salas daquele belo escritório, vimos mais camisas autografadas e ficamos admirados com tudo aquilo. Sentado em uma cadeira de couro, por trás de uma mesa repleta de documentos, estava o empresário. Vestia roupa social toda preta e, falando ao celular, não fez questão de se levantar para nos cumprimentar. Com um simples gesto, ofereceu as cadeiras para que nos sentássemos e, assim que desligou a chamada, olhou nos meus olhos e disse:

— Me falaram muito bem de você.

Meu coração disparou. Antes que eu pudesse falar alguma coisa, o telefone tocou de novo. Ele resmungou e atendeu. Conversou alguns segundos e desligou. Meu pai tomou a palavra e explicou que eu precisava de um empresário, caso contrário não teria futuro no futebol. Pelo menos era isso que escutávamos da boca dos outros garotos do time e de pessoas "entendidas" que acabaram nos influenciando. Seu Carlinhos, que ainda vivia no tempo do futebol romântico, foi contra e sempre defendia a tese de que esse mal era desnecessário. Mas a nossa justificativa era simples e conhecida por todos: "diretores e treinadores tinham esquemas com outros agentes e privilegiariam seus próprios jogadores".

O agente pediu para que ficássemos tranquilos com relação a isso, pois tinha muitos contatos e cuidava de grandes jogadores. Deu exemplos de outros atletas e mencionou histórias de bastidores, dando ênfase aos negócios e aos valores que ele havia fechado recentemente. Eu nem acreditava que estava ali, falando dos bastidores do futebol, de negociações e dos salários dos craques da Seleção Brasileira. Fiquei admirado com o poder daquele cara.

O telefone tocou, dessa vez era outro aparelho. Pelas minhas contas, ele possuía três celulares, o que também me impressionava.

Assim que desligou, chamou a secretária e pediu três vias do contrato de agenciamento, e foi logo explicando que aquilo ali (o contrato) não servia para nada.

— Se você não estiver satisfeito, pode cancelar quando quiser.

Lemos todo o documento, e um artigo em especial me chamou a atenção. O empresário teria direito a 20% de tudo o que eu ganhasse dali para a frente. Como recebia na época 120 reais por mês, fiquei aflito com a possibilidade de ter de pagar a ele 24 mangos. Eu teria de pagá-lo todo quinto dia útil de cada mês, mas aquela ajuda de custo sempre atrasava.

— Tenho que te pagar todo dia 20, porque é quando eu recebo, tudo bem? — indaguei.

Ele disse:

— Você vai começar a me pagar a partir do seu primeiro contrato profissional.

Dei um sorriso e pensei: “Acho que nasci para negociar”.

Depois disso, meu pai começou a contestar alguns pontos do contrato, mas foi interrompido pelo empresário, que parecia acostumado a responder àquelas questões:

— O contrato é padrão. Tenho o mesmo acerto com todos esses jogadores pendurados na parede. Você não vai querer mudar, né? Porque, se X e Y assinam, qual o motivo de o Paulo não assinar? Fique tranquilo, se não estiver feliz, rasgo o contrato na hora.

“Bom, então tudo bem”, pensei.

— Outro ponto — disse meu pai —, estamos tirando o passaporte comunitário italiano, mas as despesas são altas. Você nos ajudaria com isso?

Ele sorriu, como se estivesse prevendo o futuro, e completou:

— Claro, se esse passaporte sair, facilitará muito uma transferência para a Europa. Esse menino, jogando no São Paulo e com passaporte italiano, é dinheiro em caixa.

Eu juro ter escutado o som da máquina registradora nessa hora.

O telefone mais uma vez nos interrompeu. Aquilo começou a cansar. Olhei para o meu pai, que fez um sinal de positivo. O empresário voltou para a conversa e disse que faria uns contatos para tentar uma transferência para algum clube alemão ou espanhol até o final do ano, já que possuía bons contatos por lá. Pela minha estatura, seria tudo muito fácil, ele explicou. Aí não tive dúvida, peguei a caneta e assinei as três vias. Eram quatro anos de contrato irrevogáveis e mais 300 mil reais de multa caso eu viesse a trocar de empresário. Mas tudo bem, porque ele disse que aquilo não valia nada.

Nós nos despedimos e ficamos de nos falar em breve. Ao entrar no carro, meu pai perguntou se eu tinha gostado da conversa e disse que precisávamos arriscar, para ver como funcionava. Eu estava encantado e saí de lá realizado, achando que minha carreira decolaria a partir daquela reunião:

— Agora tudo será mais fácil, você não precisa se preocupar — disse a ele, me achando o cara mais experiente do mundo.

Na semana seguinte, apesar do medo e da vergonha, liguei para perguntar do time alemão sobre o qual ele havia comentado.

— Estou indo ao Morumbi e, quando chegar, te aviso — ele respondeu do outro lado da linha.

Fiquei a tarde inteira esperando no portão principal, mas ele não apareceu. Na semana seguinte, liguei de novo para dizer que as coisas não estavam boas no clube, e ele contornou o assunto, dizendo que falaria com o diretor para arrumar a situação. Por mais que eu preparasse o discurso antes de ligar, não conseguia deter sua atenção nem por um minuto. Ele sempre me cortava, dizendo que resolveria todos os meus problemas. Mas nada acontecia.

Depois de uns cinco bolos, o assunto passou a ser motivo de chacota perante outros jogadores que também o tinham como agente na base do São Paulo. Ninguém conseguia saber quando ele dizia verdade ou mentira. Apesar disso, continuávamos com ele por achar que poderíamos ser ajudados em algum momento. Nas poucas vezes em que aparecia, trazia consigo um punhado de dinheiro e o distribuía igualmente entre “seus atletas”. Fazia questão de mostrar pastas cheias de grana para nos impressionar. Em outras oportunidades, trazia chuteiras ou nos levava para jantar no shopping, acompanhado de belas mulheres; sempre tentando nos convencer de que ele era a única salvação para os nossos problemas.

5

Duras decisões

“ **Eram duras as decisões** de dispensar jogadores, pois eu já havia passado por isso e, na época, não haviam me explicado o porquê daquela decisão. Foi aí que percebi a importância dessa explicação ao jovem sonhador e tive a percepção de que a dispensa, apesar de dura, é melhor do que a permanência em um clube sem perspectiva de crescimento. Quando me tornei treinador profissional, já no Guarani, encontrei o Paulo André como titular e fiquei muito feliz em ver que ele havia encontrado seu caminho. ”

Zetti, ex-goleiro e treinador

Aos 18 anos, já nos Juniores do São Paulo, eu não era chamado pela comissão técnica nem nos jogos, nem nos treinos coletivos. Sempre fazia trabalhos à parte, tentando me preparar para uma eventual oportunidade de jogar. Infelizmente ela não aconteceu, e o ano de 2001 foi, profissionalmente, muito ruim para mim. Deixado de lado numa época em que alguns colegas já estavam subindo ao profissional com contratos renovados, eu estava perdendo tempo e só servia para completar coletivos quando jogadores se machucavam. O treinador era o Zetti, ex-goleiro do SPFC, que me orientou a procurar outro clube para jogar. Fui aconselhado por meu empresário a tentar a sorte no Centro Sportivo Alagoano (CSA), pelo qual disputaria a Copa São Paulo de Futebol Júnior e depois, segundo ele, ficaria para a disputa da Copa do Nordeste de profissionais. A tentativa me encheu de esperança, e, mesmo deixando o São Paulo para jogar no CSA, eu estava motivado e certo de que a aposta valeria a pena.

Depois de quase um mês de preparação, estávamos em Barueri, prontos para a estreia na competição. Tínhamos um bom time, com Rico e Cleiton Xavier no ataque. Ambos chegaram a jogar mais tarde em grandes clubes brasileiros. Ganhamos o primeiro jogo contra o Barueri, empatamos com o Vasco na segunda partida e perdemos por 2 × 1 para o Coritiba, terminando a primeira fase em segundo lugar e, portanto, fora da competição. Medos e incertezas rondavam minha mente, eu me perguntava se teria valido a pena deixar o São Paulo e sua estrutura por algo tão incerto. As chances de voltar a Alagoas e fazer parte do grupo profissional eram remotas, e meu empresário desconversava quando tocávamos no assunto. E agora, para onde eu deveria correr?

Dias depois do término da competição, eu estava em Campinas com a família. Diariamente ligava para o empresário, que, quando me atendia, continuava a prometer mundos e fundos. Infelizmente, na prática, nada acontecia. Semanas se passaram, e as dúvidas permaneciam. Uma idade complicada para seguir tentando me tornar jogador de futebol estampava minha preocupação. O medo e a vergonha de ter voltado para casa sem nada nas mãos eram uma cobrança a mais que eu impunha a mim mesmo. Será que a brincadeira tinha acabado e estava na hora de fazer outra coisa? Estava próximo de completar 19 anos e não tinha clube para jogar. As pessoas me perguntavam para onde eu iria, o que estava fazendo da vida e se eu continuaria insistindo nesse sonho. Mal sabiam elas que essas eram as minhas perguntas. Perguntas que eu mesmo não conseguia responder.

Para riscar esses pensamentos da mente, voltei ao campão da AABB e mergulhei na única coisa que poderia fazer naquela situação: comecei a treinar. Todos os dias pela manhã, lá estava eu, sozinho, correndo, saltando e chutando bola, me preparando, sonhando, martelando minha cabeça com justificativas para aquele momento difícil, tentando achar explicações para estar ali, e não em um grande clube. No fundo da minha alma, continuava ansioso à espera de uma ligação. Uma ligação que pudesse me fazer voltar a sorrir.

E ela não tardou a acontecer. Meu empresário, semanas depois, ligou, dizendo que o Vasco tinha gostado do jogo que eu havia feito contra eles na Copinha e me queriam no time de Juniores. A apresentação estava marcada já para o dia seguinte. Corri feito louco para arrumar as malas, me despedir da família e embarcar para o Rio de Janeiro. Cheguei ao clube e fiquei alojado dentro do Estádio de São Januário. Foi ali que morei por todo o período em que estive no clube. Minha passagem por ali foi breve e triste.

Em três meses, estava de volta a Campinas, sem clube, sem dinheiro e sem esperança. Muito mais derrotado do que da última vez em que estivera ali, desempregado. O futebol estava me fazendo mal, o sonho se mostrou uma dura realidade. Depois de quatro anos de luta, a maioria dos "amigos" desapareceu, e os incentivadores deixaram de apoiar e passaram a contestar. Como ervas daninhas, se espalhavam e diziam que essa era uma tragédia há muito anunciada. O medo e a vergonha do insucesso dominaram meus dias, e as forças iam, aos poucos, se esvaindo de mim. O empresário já não me atendia mais. Eu não era mais a galinha dos ovos de ouro, não daria retorno financeiro.

Meus pais me apoiavam, como sempre, mas começavam a perceber os estragos que a última tentativa havia feito em mim. Algumas vezes chegaram a sugerir que era hora de parar, que não haveria problema algum em recomeçar em outra área. Eles estavam comigo para o que desse e viesse.

Forçado a definir um caminho, decidi fazer da história um professor. Fui me esconder no único lugar em que me sentia tranquilo e sereno. Voltei ao campão da AABB para treinar, treinar e treinar. Muitas vezes sozinho, outras vezes com primos ou amigos que iam me ajudar. Eles marcavam o tempo das corridas, cruzavam bolas, sugeriam novos exercícios e me motivavam. Outros amigos tentavam entrar em contato com pessoas ligadas ao futebol nos clubes da região para que eu pudesse fazer testes. Mas eu não acreditava mais nisso. Aos 19 anos, ter de fazer testes era algo desanimador. Cheguei a ir ao Paulista de Jundiaí, acompanhado do Airton (treinador do futsal da AABB), mas não me deixaram treinar por falta de um exame médico.

Naquela mesma semana, recebi a ligação do Sr. João Trombetti, ligado ao meu empresário, que era presidente de um clube da sexta divisão de São Paulo. Ele comentou que estava precisando de um zagueiro urgente, pois o Campeonato Paulista estava para começar. Pediu que eu fosse para lá e disse que seria muito bom para mim. Eu o enrolei ao telefone e respondi que retornaria mais tarde. Na minha cabeça, eu já sabia, não queria ir para a sexta divisão, não precisava passar por aquilo.

À noite, expus a situação ao meu pai, que foi conciso em sua resposta:

— Você vai fazer o que lá, meu filho?

Como num estalo, tomei minha decisão ali mesmo e disse:

— Ah, pai, é a última vez que vou tentar. Se não der, eu volto para casa e começo a estudar.

6

Águas de Lindoia

“**Viver naquela chácara,** naquelas condições e com as dificuldades que tínhamos, era difícil para qualquer um. Mas para o Paulo deve ter sido pior. Me intrigava ver um menino de 'cara boa', origem abonada, família estruturada, segundo grau completo e inglês fluente vivendo ali. Nunca deu problema, sempre respeitou a tudo e a todos. Pela personalidade, foi meu capitão no título sub-20 de 2002.

Eu não vinguei como técnico, mas tenho orgulho de dizer que esse grande homem foi meu atleta.

Obrigado, Paulo, por ter cruzado um dia o meu caminho, obrigado pelo carinho e por me deixar fazer parte da sua história.”

Ruddy Machado, ex-treinador do Águas de Lindoia

Em abril de 2002, cheguei ao Águas de Lindoia Esporte Clube, time que havia sido comprado por um grupo de empresários e reaberto no ano anterior com o intuito não só de formar atletas e vendê-los a grandes clubes mas também de usá-lo como ponte para que jogadores desempregados permanecessem em atividade enquanto seus agentes buscavam equipes melhores para encaixá-los. E era exatamente por esse motivo que eu estava lá.

Logo que cheguei, percebi que a vida não seria fácil naquele lugar. A pacata Águas de Lindoia tinha pouco mais de 15 mil habitantes, e, durante a semana, especialmente no período da noite, suas ruas ficavam desertas, pois não havia nada para fazer. Além disso, o time ficava alojado em um sítio a alguns quilômetros da cidade, onde só havia uma casa com três quartos, em que morava toda a comissão técnica (treinador, preparador físico e preparador de goleiros), e, mais acima, um galpão ainda em construção que fora dividido em dois quartos, onde moravam os atletas.

Um dos dormitórios chamava-se Morumbi e possuía 14 camas, nas quais dormiam os jogadores mais velhos e organizados.

O outro, chamado Maracanã, tinha 22 camas e ficava para os mais jovens e atletas em teste. Apesar de nenhum dos quartos ter janela e de haver somente um banheiro com uma privada e um chuveiro, o Maracanã se destacava pela bagunça e pelo mau cheiro. Lá não havia armários, e os colchões estavam num estado deplorável. Do lado de fora do galpão, uma cozinha fora improvisada e tinha um fogão e uma geladeira. Logo em frente, separadas por um balcão, ficavam mesas e cadeiras para as refeições e, pendurada na parede mais ao canto, uma televisão bem pequena, na qual assistíamos todas as noites, religiosamente, à novela da Globo.

Tive de ficar no Maracanã, no meio da bagunça, até que alguém do quarto ao lado saísse. Lá dentro tinha gente de todos os cantos do país, e as histórias de cada um eram incríveis. Ninguém sabia ao certo como havia chegado ali, mas todos tinham um único foco: jogar futebol e arrumar um novo clube. Até hoje não sei o nome de muitos deles, só os apelidos. Tinha o Buiu, a Vaca e o Frango, o Dalbó, o Borel, o seu Peruca, o Sarrafo e muitos outros. Mesmo assim, quando surgiu uma brecha no Morumbi, me mudei correndo para lá. Fui muito bem recebido pelos rapazes, que, como bons anfitriões, me deixaram ficar numa cama ao lado do banheiro. Posso jurar que não me esquecerei mais daquele lugar e das coisas que passei por lá.

Apesar do azar no quarto, tive sorte de encontrar uma boa comissão técnica, composta pelo treinador Ruddy Machado e seu preparador físico Everaldo Pierrotti, que, apesar da estrutura precária, conseguiam desenvolver um grande trabalho. Às vezes, treinávamos no próprio sítio, correndo em volta do lago ou fazendo trabalhos técnicos numa parte gramada, ao lado da casa. Em outras oportunidades, saíamos correndo pelas estradas de terra, subindo e descendo morros por 40 ou 50 minutos antes de pular no lago para relaxar a musculatura. Quando o treino era com bola, usávamos um campinho no bairro dos Barreiros ou o próprio estádio da cidade, local dos jogos da equipe. Era tudo muito sofrido, as bolas estavam em péssimo estado, e os uniformes e as chuteiras tinham de durar o ano todo por não haver reposição. Apesar de tudo, estar ali aos 19 anos era um verdadeiro aprendizado. A tranquilidade e a paz daquele local se misturavam à vontade de sair dali o mais rápido possível e serviam como combustível para nos motivar a trabalhar, nos entregar aos treinos e buscar uma transferência para qualquer lugar.

As refeições eram um detalhe à parte, já que comíamos, quase todos os dias, arroz, feijão e salsicha ou carne moída. Nos dias de jogos, normalmente aos sábados à tarde, eram servidos, somente aos 11 que iniciariam a partida, filé de frango. Os outros continuavam na salsicha ou na carne moída. Para beber, descíamos até uma bica de água que caía da montanha e enchíamos garrafas pet de dois litros. O problema era buscar água à noite, já que no sítio não havia iluminação fora dos quartos. Outra coisa de que me lembro bem é que, para sair dali em direção à cidade, tínhamos de caminhar por volta de quatro quilômetros. Não havia ônibus público que passasse próximo à chácara, então, às vezes, esperávamos um caminhão que passava ali na frente, transportando material de construção. Conseguíamos pular e pegar carona na caçamba, com ele ainda em movimento. Depois, tínhamos de saltar porque o motorista, sabendo que estávamos lá atrás, tentava nos sacanear e não parava em lugar nenhum.

Quando "subíamos" ao centro da cidade, era para cortar o cabelo ou comprar coisas no supermercado. Não havia mais nada a fazer por lá. Até porque, naquela época, todos os atletas recebiam um salário mínimo, algo em torno de 182 reais, e ninguém podia extrapolar nas compras do mês. Por isso, preferíamos ficar no quarto, conversando ou dormindo, esperando o tempo passar para que chegasse o jogo do fim de semana. A única exceção eram as noites de quarta-feira, nas quais subíamos em turma para jantar na pizzaria da pracinha. Na verdade, era uma desculpa para fugir da comida do seu Azizo, cozinheiro do clube, que nada podia fazer com a escassez de material que lhe era oferecido. A piada que mais se contava no alojamento era a de que sua calvície vinha se acentuando nos últimos meses de tanto cabelo que encontrávamos nas refeições que ele preparava.

Essas e outras histórias fizeram com que nos tornássemos um grupo de verdade, formado por amigos que perceberam que se ajudar era a única maneira de sair dali. Passamos momentos incríveis naquele lugar. Fizemos uma ótima campanha no campeonato estadual, e aprendi muito não só com as dificuldades, mas principalmente dentro de campo. Disputei todas as partidas, enfrentei jogadores rodados, experientes, malandros, e estive sujeito a todo tipo de situação. Foi ali que aprendi de verdade a jogar futebol e me especializei nas bolas aéreas, já que essa era a jogada mais comum nas partidas truncadas da sexta divisão. Outra vantagem de estar ali era, por sermos um time de empresários, poder fazer jogos treinos contra grandes equipes do futebol brasileiro, como o Atlético-MG, a Ponte Preta e o Guarani. Pelo bom relacionamento dos agentes com os clubes ou os treinadores, sempre conseguiam encaixar amistosos durante o ano. Aquelas partidas nos faziam perceber que não estávamos tão longe do nosso sonho, pois conseguíamos jogar de igual para igual contra essas equipes.

Continuamos a trabalhar e a nos dedicar como se soubéssemos que estávamos no caminho certo. Para coroar aquele ano incrível, cheio de grandes experiências, alcançamos o acesso para a quinta divisão de profissionais e ainda fomos campeões de Juniores da segunda divisão paulista, um título inédito para o clube e para a cidade até os dias de hoje.

Após a vitória, ainda na comemoração, meu empresário disse que eu e seu Peruca deveríamos nos apresentar no dia seguinte ao Guarani Futebol Clube para disputar a Copa São Paulo de Futebol

Júnior de 2003. Nosso contrato seria pelo período de três meses, por empréstimo, e ganharíamos 500 reais. Teríamos apenas um campeonato para mostrar o nosso valor e, se tudo corresse bem, seríamos transferidos em definitivo ao clube campineiro.

7

Bem-vindo ao Guarani

“**Foi em Campinas** que o sonho de ser jogador de vôlei começou a se tornar realidade. De lá cheguei à Seleção Brasileira Juvenil. Segui em frente e, até hoje, carrego comigo a importância e as memórias dos amigos, da família e do pequeno ginásio da Fonte São Paulo, onde costumava atuar. Aliás, foi nessa época, durante os Jogos Abertos do Interior, que conheci o Paulo André.”

Bruno Rezende, campeão mundial de vôlei e levantador da Seleção Brasileira

Por ironia do destino, lá estava eu me apresentando ao Guarani, cinco anos depois de ter saído de Campinas para tentar a sorte em outro lugar. Só Deus sabe quantas vezes tentei, na minha adolescência, fazer um teste ali, sem nunca ter obtido sucesso. Agora eu era o contratado, mesmo que por empréstimo, para esse clube de histórias e títulos formidáveis. Aquilo que sonhei e me propus a fazer estava se tornando realidade, e era chegada a hora de dar a volta por cima e comprovar o meu valor, depois de tudo o que havia passado.

Era muito bom poder voltar a morar em casa e ter algumas mordomias que só nossas mães sabem nos dar. Agora eu podia me alimentar bem, ter conforto e um quarto só para mim — estava no paraíso. Pelo menos até encontrar com o Neto (ex-Corinthians e atual comentarista da Band), que na época era gerente da equipe profissional. Em um dos meus primeiros dias no clube, cheguei a pé ao Brinco de Ouro da Princesa (estádio do Guarani) e fui direto para o vestiário dos Juniores, que ficava um pouco depois do vestiário dos profissionais. Era ali que o Neto costumava ficar para fumar seus cigarros. Eu estava de camiseta, bermuda e boné, olhando para baixo, quando escutei um grito:

— Ô, muleque, vai toma no c... Você tá pensando que é quem?

Eu olhei para trás para ver o que estava acontecendo, e, para minha surpresa, o Neto estava falando comigo. Antes de eu conseguir pronunciar alguma coisa, ele terminou dizendo:

— Se passar na minha frente de novo de boné, te mando embora!

Ainda sem entender nada, respondi bem baixinho:

— Tá bom.

E segui meu caminho, já sem boné e com muito medo daquele cara.

O time de Juniores do Guarani acabara de ser vice-campeão paulista, e a maioria dos jogadores havia subido para o elenco principal. Ficou definido que eles não disputariam a Copa São Paulo 2003, pois já tinham provado o seu valor e seriam utilizados no profissional no ano seguinte. Entre eles estava o Alex, que acabou sendo meu companheiro no Corinthians. Para mim, essa notícia era ótima, pois eu teria muito mais chances de jogar. Com pouco tempo para treinar, o técnico Luiz Carlos Barbieri resolveu escalar a mim e seu Peruca na equipe titular já na estreia da competição.

Estava nervoso com aquela responsabilidade e, apesar de ter batalhado muito por aquela oportunidade, me cobrava demais para não falhar. Mesmo me sentindo pronto e preparado, minha mente tentava me desestabilizar, trabalhando contra mim. Não bastassem minhas próprias pressões, a família e os amigos colocavam ainda mais responsabilidades sobre os meus ombros por saberem que aquele campeonato seria vital para o futuro da minha carreira futebolística. Além disso, e talvez o pior de todos os sentimentos, os companheiros de time não estavam muito satisfeitos com a nossa chegada, pois havíamos tomado o lugar de jogadores que já estavam ali.

Lutei contra aqueles sentimentos nos momentos que antecederam o início do campeonato. Concentrei-me no que deveria fazer, em meus pontos fortes, e acho que consegui superá-los. Durante os três jogos da primeira fase, até que joguei bem. Fiz um gol e algumas boas jogadas, mas a nossa campanha foi muito ruim, o time era novo e inexperiente e não conseguiu passar da primeira fase. Ao final da última partida, em uma derrota para o Rio Branco de Americana, fiquei andando pelo gramado sem saber ao certo para onde ir. Estava pensando na vida, sem saber do futuro, preocupado com o desfecho daquela situação. Na verdade, estava com medo de ter jogado tudo para o alto sem provar todo o meu valor. Será que aquilo era um sinal? Comecei a vislumbrar a possibilidade de voltar para Águas de Lindoia, pois, mesmo não sendo o que eu queria, aquele era o meu porto seguro.

Lá embaixo, já no vestiário, o treinador nos reuniu para dizer que teríamos um mês de férias e, antes que eu perguntasse, disse que ligariam para resolver caso a caso a situação dos jogadores que estavam emprestados ou em fim de contrato. Agora restava apenas esperar para ver o que eles decidiriam.

Durante as férias, diariamente eu ligava para o seu Peruca para saber se ele tinha novidades. Isso durou uns dez dias, até que nosso empresário ligou e disse que o clube havia pedido a renovação do meu empréstimo por mais um ano e que seu Peruca, infelizmente, deveria voltar ao Águas de Lindoia para disputar a quinta divisão.

Ao me reapresentar ao clube, fui à sala do presidente assinar o novo contrato, que expiraria em 31 de janeiro de 2004. Ganhei um aumento, e meu salário agora tinha subido para 1.100 reais.

O ano de 2003 foi cheio de novas experiências. Eu ainda estava nos Juniores, mas treinava a semana toda entre os profissionais, com feras como Marquinhos (ex-Flamengo e Palmeiras), Lúcio Bala (atacante, ex-Flamengo e Corinthians) e Jean (goleiro, ex-Vitória e

Bahia). Jogava pelos Juniores aos sábados à tarde e aos domingos de manhã pelo Guarani B na Copa Paulista de Futebol. Nem me lembro de como eu aguentava tantas partidas assim, em dias seguidos. Devo ter jogado mais de cem vezes em 2003, passando por todos os tipos de situações dentro de campo, elevando meu nível e assumindo uma posição de liderança dentro do grupo.

Isso me credenciou a ficar duas vezes no banco de reservas da equipe principal pelo Campeonato Brasileiro daquele ano. As duas partidas foram disputadas no Brinco de Ouro e me lembro da tensão dos momentos de aquecimento, da subida ao gramado e de ficar assistindo a tudo ali de perto. Pensava comigo: "Realizei o meu sonho. Sou profissional e posso dizer que já estive em uma partida oficial". Só isso já teria valido todo o meu esforço. Depois de seis anos na estrada, sentar no banco em um jogo válido pela disputa de um Brasileirão era demais. Ganhamos as duas partidas, e o que era sonho tornou-se realidade, pois recebi pela primeira vez na vida o tão famoso "bicho" pela vitória.

O Guarani terminou o Campeonato Brasileiro em oitavo lugar naquele ano, e eu voltei aos Juniores para disputar a minha última Copa São Paulo. Isso porque eu já estava com 20 anos, idade limite para essa categoria. Agora não tinha mais como voltar atrás. Seria o último torneio, e eu precisava apresentar um bom futebol para renovar o contrato e ficar de vez no elenco principal.

Vencemos o primeiro jogo, empatamos o segundo e decidiríamos a vaga na última partida, contra o Serra Negra. O estádio estava lotado, e o Barbieri, treinador da equipe profissional, estava acompanhando a partida. Tínhamos um time muito bom, com Mariano (Fluminense), Willian (Corinthians) e outros jogadores que se tornaram profissionais. Mas, naquele dia, nada disso adiantou, tomamos um gol no meio do segundo tempo e não conseguimos reagir. Saímos mais uma vez na primeira fase da competição. Ainda no vestiário, com vários atletas chorando, o Barbieri apareceu e escolheu cinco jogadores para subir ao elenco profissional, que fazia sua pré-temporada ali mesmo, na cidade de Serra Negra.

Eu estava entre os selecionados e fiquei um pouco aliviado, mas ainda irritado, sem conseguir digerir aquela derrota. Muitas coisas estavam em jogo, não só o meu futuro, mas o de todos ali. Eu era o capitão da equipe, tinha feito grandes amigos e sabia que a carreira deles, com aquela derrota, seria incerta. Lembro-me da despedida, quando fiz as malas e os deixei no hotel. Senti naquele momento que eles estavam ficando para trás e que talvez não nos encontrássemos mais nos campos de futebol. Parece que eu sabia o que estava por vir e o que eles sofreriam dali para a frente, rodando diversos clubes, tentando salvar suas carreiras. Talvez por já ter passado por aquela situação, eu sabia como era difícil dar a volta por cima. Infelizmente, dali para a frente, eles teriam de descobrir isso por si mesmos.

Eu já tinha uma nova preocupação, a de renovar o contrato, que terminaria em poucos dias. Com o elenco profissional do Guarani inchado e cheio de zagueiros, minhas esperanças eram pequenas. Eis então que surge Joel Santana, recém-chegado para salvar a equipe dos maus resultados nas primeiras rodadas do Campeonato Paulista.

Parte II

Futebol profissional

Doutor Sócrates Brasileiro

"Fosse eu um sonhador, não teria imaginado algo tão grandioso e belo. Quem faz, do prazer, arte e, da arte, profissão só pode ser um privilegiado. E mais: ver a sua arte ser reconhecida em vida por uma multidão de apaixonados é puro despertar no paraíso.

Caso tivessem tido a oportunidade, Picasso, Leonardo, Mozart e Vincent Van Gogh teriam optado pelo fascínio do futebol para exercer o talento que possuíam."

8

O primeiro jogo como profissional

“**Depois de dezenas** de peneiras, testes e passagens por todas as categorias de base, finalmente chega o momento da estreia como jogador profissional, o que representa a primeira grande vitória do atleta. Pelo seu grau de importância, essa transição é dificílima, e me lembro exatamente de quando entrei em campo no jogo Guarani x União Barbarense. Eu estava tão nervoso, a pressão psicológica era tão intensa que, posso falar por mim, foi a mesma sensação que tive anos depois ao jogar uma final no Mundial de Clubes da Fifa, no Japão. Graças a Deus, saí vitorioso nesses dois momentos tão marcantes.”

Alex, meia-esquerda, campeão da Copa do Mundo de Clubes da Fifa, em 2006

Às vezes não parece, mas futebol é um jogo emocional. Muitos pensam que é só um esporte técnico e físico, mas se esquecem do quão importante é o lado psicológico. Um exemplo fácil para se perceber isso é a diferença de jogar dentro ou fora de casa contra uma mesma equipe. Como um time pode jogar atacando e buscando gol em casa e, fora de casa, receber pressão e não desempenhar o mesmo futebol? É tudo uma questão psicológica, das expectativas e dos medos de cada um dentro de campo.

Não sei se a maioria das pessoas enxerga o futebol dessa maneira, por isso tento mostrar esse olhar de dentro para fora, essa visão dos atletas, que, apesar de parecerem máquinas, possuem sonhos, sentimentos e expectativas. Para muita gente (a família em especial), aquele jogador, independentemente do nível e das conquistas, conseguiu vencer na vida e é motivo de orgulho. Para a torcida, ele pode até ser um perna de pau, principalmente porque eles só o veem aos fins de semana dentro de campo e não imaginam a luta e o esforço de anos, vencendo barreiras e superando coisas que até Deus duvidaria. Todo atleta deveria saber que vencer não significa ganhar sempre, mas sim se superar a cada dia. Foi exatamente isso o que aprendi logo no meu primeiro jogo como profissional pelo Guarani, e é o que tento levar comigo durante cada dia que sobrevivo dentro do esporte.

Joel Santana, treinador experiente e cheio de títulos, chegara ao Bugre no final de janeiro de 2004 e desde o início mostrou o seu jeito brincalhão e paizão de ser, o que sempre cativou os atletas em todos os lugares onde trabalhou. Com seus óculos escuros característicos e sua prancheta inseparável, comandava treinos e ajeitava a equipe da forma que acreditava ser a ideal. Ele estava motivado e em seu primeiro jogo, contra o São Caetano em casa, empatou em 1 × 1, conquistando nosso primeiro ponto no Campeonato Paulista. Na semana seguinte, durante um treino com os zagueiros, ele me chamou de lado e perguntou por que o clube ainda não havia renovado o meu contrato. Eu respondi que não sabia e que estava esperando uma posição do diretor. Ele me explicou que eu não deveria treinar sem contrato, pois, em caso de lesão, eu seria abandonado pelo clube, e ele já tinha cansado de ver esse tipo de história no futebol. Disse que tinha ido com a minha cara e tentaria me ajudar.

Soube que naquele mesmo dia ele pediu para a diretoria renovar meu contrato, o que realmente acabou acontecendo. E, como se não bastasse, no treino seguinte Joel resolveu arriscar, me colocando como titular. Ficou o tempo todo do meu lado passando dicas de posicionamento e ensinando como eu deveria marcar o atacante adversário. Depois do coletivo, definiu que eu seria o escolhido para jogar a próxima partida e passou a notícia à imprensa. Eu nem acreditei, pois não havia sido relacionado para nenhum jogo naquele ano e agora, de repente, seria titular.

Antes de descer ao vestiário, os repórteres de campo vieram me entrevistar, perguntando o que eu achava de tudo aquilo. Na minha cabeça veio toda a minha história, o trabalho e o merecimento. Mas, por timidez, me limitei a responder:

— Graças a Deus, o professor Joel está me dando uma chance, e espero ajudar a equipe a sair com a vitória e conseguir os três pontos.

Ao chegar em casa, sentei no sofá com meus pais e liguei a televisão. Jantamos de olhos fixos na telinha, procurando algum programa de esportes que mostrasse a minha entrevista. Como não encontramos nada, resolvemos deixar na novela das seis, da Rede Globo, enquanto terminávamos de comer. De repente, ouvimos a chamada do telejornal regional, e, como num passe de mágica, lá estava eu "dentro da TV", falando como jogador de futebol, exatamente como havia visto tantos ídolos fazerem ao longo dos anos em que fui um torcedor apaixonado pelo esporte. Ao acabar minha "participação especial", fui arrumar a mala para, no dia seguinte, treinar e concentrar com a equipe.

O "grande" jogo estava marcado para domingo, e nos concentramos no alojamento do próprio clube no sábado, depois do treino. Fiquei no quarto com o Sidney (volante, ex-São Paulo e Fluminense), que já tinha todo o esquema de se concentrar. Ele levava sempre três revistas para ler (notícias, fofoca e beleza), um telefone celular e uma caixa de chocolates. Entre esses *hobbies*, ficava brincando comigo, perguntando se eu estava com medo da estreia e dizendo:

— Ô, juvenil, vê se não vai fazer cagada amanhã, hein?

Apesar de não ligar para a gozação, só fui perceber que estava com medo quando resolvi me deitar para dormir. No início fiquei imaginando os lances e os gols que eu faria, mas de repente vieram pensamentos negativos que mostravam uma falha ou um gol contra. Estes aceleraram meus batimentos e me deixaram preocupado bem antes da hora do jogo. Já era tarde quando consegui relaxar e adormecer.

No dia seguinte, antes de pegar o ônibus e sair em direção a Itu para jogar pelo Paulista de 2004 contra o Ituano, tivemos a palestra do Joel. Como sempre, muito engraçado, repetindo tudo o que já havia treinado durante a semana. Na preleção, ele sequer tocou no meu nome. Fiquei pensando que talvez ele quisesse me passar tranquilidade e mostrar que estava confiando em mim. Mas foi só até o momento de montar a barreira (definir os quatro homens que vão na barreira em caso de uma falta próxima à área). Então ele perguntou:

— Primeiro homem?

Alguém lá atrás disse Alemão (lateral-direito).

— Segundo homem?

Roberto (volante).

— Terceiro homem?

Era a minha vez, e eu, morrendo de vergonha, disse:

— Paulo André.

O Joel olhou para trás e disse:

— Como é que é?

Eu, com mais vergonha ainda:

— Paulo André, professor.

Ele, com seu humor ímpar, finalizou assim:

— Aí é sacanagem, se eu tiver que gritar Paulo André lá de fora, já tomei o gol, porra. Vai ficar André mesmo, tá certo?

Foi aí que percebi que ele não havia falado meu nome na reunião porque não lembrava qual era.

Ao chegar ao vestiário, peguei a chuteira e fiquei mexendo nela, imaginando que agora não tinha mais para onde correr. Estava ansioso e com medo. Também pudera, depois de passar por todos os tipos de provações, eis que chegara o grande momento a que eu havia devotado toda a minha adolescência: meu primeiro jogo como profissional.

Filmes passam na cabeça, a vida inteira em segundos, e a certeza de que o futuro será decidido nos próximos 90 minutos. Por mais que esteja preparado, tudo treme. Começo a pensar no porquê de as pessoas dentro do vestiário estarem me olhando. Será que elas estão desconfiadas ou somente se solidarizam com o momento por já terem passado por isso? É indescritível essa mistura de sentimentos e expectativas. A intenção é esconder e negar qualquer vestígio de medo e insegurança. Vai que o treinador percebe e resolve mudar o time em cima da hora. Só sei que a responsabilidade é muito grande, e parece que a chance de dar errado é muito maior do que a de dar certo. Por isso, tratei de cortar aqueles pensamentos e me voltei para a chuteira, pedindo que ela me ajudasse.

Saímos para o aquecimento e voltamos para a oração dentro do vestiário. Ao final do Pai-Nosso, os católicos fizeram a Ave-Maria e os evangélicos, uma oração individual, ainda abraçados em círculo. Naquele momento, revi todo o sofrimento, a solidão, os aniversários e as datas especiais passados longe dos entes queridos, as viagens de ônibus, o sacrifício diário dos treinos, os amigos que ficaram para trás e alguns sucessos que obtive até ali. Aquele jogo serviria para justificar cada escolha, mostrando que cada decisão tinha valido a pena, e as lembranças serviam para me motivar e perceber que nenhum obstáculo seria suficiente para me fazer cair.

Dali para a frente, não me lembro de muita coisa. Foi só o juiz apitar e o jogo começar que tudo se transformou. Não pensei em mais nada, a não ser na necessidade de vencer, de sobreviver. Corri muito, me entreguei àquele momento. Fiz tudo o que podia, e no final do jogo, com um gol do argentino Loscri, ganhamos por 1 × 0 . Foi a primeira vitória do time naquele ano, e, para a minha alegria, ganhei pelas rádios da região o *status* de melhor jogador em campo.

Ao retornar ao vestiário, as pessoas novamente estavam me olhando. Não soube identificar se impressionadas ou aliviadas, mas posso dizer que agora estava gostando daquilo, uma sensação de dever cumprido. Tomei banho e fui embora para um rodízio de pizza perto de casa, com todos os amigos e a família me acompanhando, além, é claro, de um sorriso estampado de orelha a orelha.

Três dias depois, lá estava eu, pronto para o segundo jogo. Na minha cabeça, esse deveria ser tranquilo, pois o pior já havia passado. O problema é que eu estava ainda mais nervoso do que no primeiro porque agora teria de comprovar o que já havia feito na partida anterior. Depois de tanto trabalho, jogar tudo para o alto por conta de um mau desempenho ou acomodação seria muita burrice. Foi aí que percebi que, a partir daquele dia, a cada quarta e domingo, até o fim da minha carreira, eu estaria na arena dos leões, sob os holofotes dos torcedores e da mídia, e sofreria a eterna provação. E entendi que a maneira como eu reagisse a isso faria toda a diferença.

9

Coisas do futebol

“**No futebol,** temos desafios a ser vencidos todos os dias. O principal é ter sempre bem claro os objetivos a serem alcançados e o próprio atleta acreditar no seu potencial, porque tentações, promessas e conversas fiadas sempre haverão. Conheço o Paulo André há mais de dez anos, e, independentemente da qualidade como jogador, a determinação em tudo o que ele faz na vida sempre me foi motivo de admiração.”

Hugo Garcia Martorell, amigo e empresário,
agente de jogadores licenciado pela CBF

Em 2004, o Guarani vivia uma grave crise financeira, com pagamentos atrasados e dificuldade de se manter. Trabalhávamos dois ou três meses para receber um salário e, apesar disso, depositávamos nossas esperanças nas vitórias, que poderiam levar o clube de volta aos bons tempos de glórias. Depois de um início muito bom e de uma sequência no time titular, comecei a despertar o interesse de outras equipes. Infelizmente me machuquei e tive de me submeter a uma cirurgia no púbis, o que me deixou fora de todo o segundo turno do Campeonato Brasileiro. Na época, decidi operar com o Dr. Joaquim Grava, especialista nesse tipo de procedimento. Por conta dessa decisão, o Guarani não quis arcar com os gastos da cirurgia nem da recuperação. Avesso a isso, fui a São Paulo e passei quase dois meses me recuperando, em tratamento intensivo na clínica do Grava. Além de não receber em dia, estava tendo de pagar todas as despesas médicas. Quando fiquei apto a voltar às atividades, o campeonato já havia acabado, e o clube estava rebaixado para a Série B.

Em dezembro daquele ano, acionei a Justiça contra o Guarani por falta de pagamento. Entrei nessa com a promessa do meu empresário de que três ou quatro grandes clubes do país estavam atrás de mim e que, assim que eu estivesse liberado, fechariam acordo. Ganhei a ação na Justiça, mas nada aconteceu, nenhum time me procurou. Mais de dez dias se passaram, e eu, preocupado em ficar desempregado, pedi ao meu agente que voltasse atrás e fizesse um acordo com o próprio Guarani para que eu pudesse voltar a jogar. O Bugre, desesperado por não perder uma de suas revelações, aceitou me deixar com 90% dos direitos econômicos e uma multa de rescisão baixa, o que facilitaria uma eventual saída.

Preparei-me bem para o ano de 2005 e, logo na estreia, contra o União São João dentro de casa, joguei como titular. Fiz um ótimo Campeonato Paulista, incluindo um jogo histórico (conhecido por ter sido manipulado pela máfia do apito) contra o Santos, na Vila Belmiro, em que o juiz, comprado, fez de tudo para o time da casa vencer a partida. A defesa do Guarani fez um jogo impecável, que terminou no 0 × 0, impedindo assim que o árbitro "vencesse" a partida. Devido ao meu bom desempenho, saí dali e fui direto a um restaurante com um grupo de coreanos que queria me levar para o futebol de lá.

De cara fizeram uma oferta, algo em torno de 8 mil dólares por mês mais bônus a cada jogo e cada gol que eu fizesse. Eu, para não ser mal-educado, disse que pensaria e responderia no dia seguinte, mas já sabia que não queria jogar na Coreia, muito menos por aquele salário. Comentei com meu pai sobre a proposta, e ele disse para eu não inventar moda. De qualquer forma, combinei com meu primo para que ele me acompanhasse na reunião do dia seguinte e ajudasse a solucionar o caso.

Dois dias depois, estávamos em São Paulo, sentados frente a frente com o treinador, o presidente e o tradutor da equipe asiática. Eles me perguntaram o que eu achava da proposta, e eu disse que não poderia aceitar. Eles pediram um minuto e começaram a conversar entre eles. O tradutor então explicou que eles realmente me queriam no time e estavam me oferecendo 600 mil dólares na mão por três anos de contrato e 20 mil dólares de salário por mês. Eu comecei a tremer.

Olhei para o meu primo, que estava mais boquiaberto do que eu. Pedi licença aos demais da mesa e puxei ele de canto. Começamos a rir.

— E agora, o que fazemos? — ele me perguntou.

Eu não ganhava nem 10 mil reais no Guarani, e estavam oferecendo tudo aquilo para a gente. Ligamos para o meu pai, que, apesar de tudo, continuava firme na sua posição. Resolvemos ligar para o meu empresário, que não fazia ideia de que estávamos em São Paulo negociando aquele acordo. Ele também foi contra, principalmente porque não teria direito à comissão. Desliguei o telefone e falei para o primo:

— Se vira, é você que vai falar que não aceitamos a oferta.

Ele retrucou, dizendo que eu deveria fazer isso e como justificativa poderia dizer que eu era muito novo (apenas 21 anos) e que tinha o sonho de jogar na Europa. Aceitei a sugestão.

Voltamos à mesa e comecei a agradecer todo o esforço que eles estavam fazendo, que eu me sentia muito feliz, mas que naquele momento eu não poderia aceitar a oferta pois... E então o presidente e o treinador deram um soco na mesa, quase que simultaneamente, e se levantaram. Foram embora falando coisas em coreano que eu jamais vou saber. Ficamos com o tradutor, que explicou que havíamos faltado com o respeito, pois eles acharam que queríamos negociar ainda mais dinheiro. Terminou dizendo que não teria como voltar atrás, o negócio estava encerrado.

Fomos embora de lá, eu no volante e meu primo no banco do passageiro, sonhando com aquela quantia absurda de dinheiro e gritando aos céus que éramos dois malucos que tinham acabado de recusar mais de 1 milhão de reais.

10

Coisas da vida

“**Quase interrompi** minha carreira, quando estava no auge, por causa de um técnico. Pelos problemas que criou, deixei de curtir meus jogos e meu tênis. Muitas vezes o atleta se depara com pessoas que tentam lhes puxar o tapete. Nessas horas, a família é o porto seguro. No meu caso, ela fez com que eu reencontrasse a alegria e a paixão pelo esporte e procurasse outro treinador. Todas essas escolhas e situações me prepararam para uma vida mais madura, dentro e fora das quadras.”

Vanessa Menga, medalha de ouro no
Pan de Winnipeg

O Brasileirão da Série B já havia começado quando meu empresário trouxe uma oferta do Clube Atlético Paranaense (CAP), então vice-campeão brasileiro e classificado para a segunda fase da Copa Libertadores. Era meu sonho jogar em um time desse porte, e eu fiquei muito feliz com o interesse do clube. É claro que eu queria me transferir para lá, mas no acordo que estava sendo proposto eu ganharia menos que no Guarani, sem nenhum tipo de luvas ou premiação.

Era complicado mudar de Estado e começar uma vida do zero por um salário inferior, mas, curiosamente, meu empresário passou semanas tentando me convencer de que seria interessante ir para o Atlético, independentemente do valor do contrato. Certo dia, estávamos na sala da casa dos meus pais, em Campinas, discutindo os prós e os contras de uma eventual transferência, e o agente nos apresentou a seguinte equação:

— Hoje você possui 90% dos seus direitos jogando pelo Guarani, time que está mal na segunda divisão. Vou fazer um acordo com o presidente para que ele te libere. A partir daí, você estará livre e terá 100% dos teus direitos, certo? Daremos de graça 50% ao Atlético, e os outros 50% que ficarão com você valerão muito mais do que os 90% que você tem hoje no Guarani (valor de mercado), concorda?

Eu ia balançando a cabeça, como se estivesse visualizando tudo aquilo. Ele, confiante, continuou:

— O Atlético é a maior vitrine do momento, acabaram de ser vice-campeões do Brasileirão, estão vendendo jogadores para a Europa, e você é dinheiro em caixa.

Lembrei-me da primeira reunião que tive com aquele cara, cinco anos atrás, em que ele usou essa mesma expressão. Então respondi:

— Entendo seu ponto de vista, mas não dá para melhorar o salário?

— Isso deixa que eu resolvo. Assim que chegar a Curitiba, você receberá o contrato definitivo com o valor alterado. Por enquanto, assine aqui.

Assinei o pré-contrato, que descrevia a duração do acordo e o salário, que, segundo ele, ainda seria alterado. Agora era só aguardar a liberação do Guarani.

Poucos dias depois, meu empresário convenceu o presidente José Luiz Lorenzetti a me liberar. A única exigência era um pedido do então treinador Luiz Carlos Ferreira, para que eu fizesse mais três jogos pelo clube antes de me transferir em definitivo para o Atlético. O motivo era que não havia nenhum zagueiro pronto para assumir o meu lugar naquele momento do campeonato. Mal sabia eu que esse período das três partidas esclareceria muitas coisas. Digo isso porque, durante esse tempo, meu empresário brigou com seu sócio, que, ao sentir-se lesado na separação, decidiu me contar detalhes obscuros da minha própria transferência. Ele me ligou e perguntou se poderia marcar, em segredo, uma reunião com Mário Celso Petraglia, então presidente do CAP, para esclarecer algumas questões contratuais. Eu topei.

Nós nos encontramos no saguão de um hotel em São Paulo, onde o presidente, muito educado, falou do clube e de suas aspirações e ainda me explicou todo o plano de carreira que haviam pensado para mim. Ao terminar sua explanação, perguntou se eu tinha alguma dúvida. Instruído pelo ex-sócio do meu empresário, perguntei se havia dinheiro envolvido na negociação. “Sim, já paguei 200 mil dólares ao seu empresário pelos 50% dos seus direitos. Está no pré-contrato que você assinou, você não viu?”. Minha cabeça parecia que ia explodir. Em minha versão do pré-contrato, não havia nada daquilo. Fiquei calado por alguns segundos, tentando entender como eu poderia ter caído naquela cilada e o que realmente havia acontecido.

Sem chegar a uma conclusão, só consegui murmurar que eu, com certeza, não havia assinado aquela parte do contrato e que, independentemente disso, ainda queria jogar no Atlético. Mas havia uma condição, que eu consegui pronunciar sem muita confiança e consciente do risco que estava prestes a assumir:

— Presidente, só irei ao clube se você me repassar todo o valor que já foi pago até agora, porque vou rescindir o contrato com o vigarista do meu empresário, e ele não só não decide mais nada por mim como não tem direito a receber nada, ok?

Muito tranquilo e duro em sua resposta, o presidente do Atlético disse que não tinha nada a ver com aquilo, não pagaria duas vezes, e que eu deveria me acertar com o agente. “O documento havia sido assinado”, e a mim não restava outra opção senão me apresentar ao clube em uma semana, caso contrário teria de pagar uma multa de 6 milhões de reais.

Fui para casa revoltado com o mundo e suas injustiças. Como o empresário podia fazer aquilo comigo depois de uma parceria de quase cinco anos? Havíamos passado por altos e baixos, ressurgimos das cinzas mais de uma vez e agora, no momento de aproveitar e ganhar dinheiro juntos, ele havia me aprontado uma arapuca. E como era possível o Dr. Mário Celso Petraglia não demonstrar nem um pingo de compaixão?

Minha cabeça estava latejando. Não queria mais ir para o Atlético, nem queria mais jogar futebol. Sentia-me uma mercadoria que passava de mão em mão, sem conseguir obter nenhuma vantagem. Depois de tudo, agora teria de aguentar a corrupção do futebol e os canalhas que se aproveitam de jovens talentosos para fazer fortunas. Precisava pensar em uma solução, e rápido.

O problema é que, apesar de tudo o que estava acontecendo fora dos gramados, o Brasileirão da Série B continuava a todo vapor. Dois dias depois, lá estava eu em Criciúma para jogar contra o time da casa pela nona rodada do campeonato. Era, teoricamente, meu último jogo pelo Guarani. Por saber disso, o treinador Luiz Carlos Ferreira tentava me provocar (ou motivar) na palestra, dizendo que sempre que ele enfrentava o Guarani (dirigindo outras equipes) o tal do Paulo André fazia gols, cabeceava bolas perigosas e enchia o saco da sua defesa. Mas agora, com ele no comando, o Paulo não incomodava ninguém nas bolas ofensivas. Os jogadores riram, e eu fiquei olhando para ele com cara de quem estava realmente devendo alguma coisa.

O jogo foi difícil, sofremos pressão até os minutos finais, mas conseguimos sair de lá com um bom empate em 1 × 1. Logo no primeiro escanteio a nosso favor, desviei a bola com a cabeça e marquei o gol que o Ferreirão havia pedido na preleção. Na comemoração, atravessei o campo em direção a ele e fui abraçá-lo.

Depois da partida, meu telefone não parou de tocar até que eu, o Atlético e o ex-sócio do meu empresário chegássemos a um acordo. Por fim, eles aceitaram aumentar meu salário e o tempo de contrato para cinco anos. Por outro lado, acabei cedendo um pouco mais da porcentagem que eu possuía, e o clube ficou com 70% dos meus direitos econômicos; eu fiquei com 20%; e o ex-sócio do meu empresário, com 10%. Será que foi por isso que ele entregou o "amigo"? Por esse novo trato, recebi um bônus (luva) e fiquei satisfeito com a negociação.

Na volta de Criciúma a Campinas, já dentro do avião, o folclórico Ferreirão me chamou para sentar na poltrona ao seu lado. Isso não é nada comum nas viagens das equipes de futebol, e, apesar de achar estranho, obedeci.

— Você está mesmo indo embora? — ele perguntou, sem fazer rodeios.

Eu balancei a cabeça positivamente. Ele quis saber por que, já que estava montando uma equipe para voltar à elite do futebol brasileiro, na qual eu seria uma das peças-chave da campanha. Nesse momento, aproveitou para me elogiar e dizer que me considerava um jovem promissor, uma das grandes revelações dos últimos anos e titular absoluto do seu time.

— Professor, esta é uma oportunidade única, não posso deixá-la escapar. No futebol, as pessoas têm a memória curta, e tudo é muito passageiro.

Ninguém lembrava que há pouco tempo eu havia passado por uma cirurgia no púbis e sentido na pele o que é ficar encostado no clube. Ferreirão, com seu humor ímpar, entrou em cena para me convencer a ficar e falou:

— Garoto, aqui você é o Paulo André, todo mundo te conhece. Lá você vai ser mais um. Aliás, eu trabalhei com os dois zagueiros que estão no Atlético, e eles são melhores que você. Você não vai jogar e depois vai pedir pra voltar, hein?

Eu sorri e respondi que o negócio estava feito, agradeci e disse que torcia para que eles voltassem à primeira divisão.

Disse adeus ao Guarani para iniciar uma nova fase. Mais importante que tudo, pude seguir a vida deixando meu "empresário" para trás.

11

O Furacão da Baixada

“**Paulo André,**
figura humana excepcional e um dos melhores zagueiros que eu tive a oportunidade de comandar. A nossa convivência começou em 2005, quando tive a felicidade de acertar numa aposta que fiz, solicitando a contratação do então menino de 21 anos, para o Atlético do Paraná, equipe que eu dirigia naquele ano.

Pela qualidade técnica exuberante, rapidamente o coloquei como titular na brilhante equipe que tinha o Furacão no ano de 2005.

Depois, seguimos rumos diferentes, mas sempre acompanhei a sua trajetória brilhante, até o presente momento, quando se destaca como zagueiro de alto nível do futebol brasileiro.

Parabéns, Paulo André. Sou feliz por fazer parte da sua maravilhosa história no futebol.”

Antonio Lopes, ex-treinador do Clube Atlético Paranaense

Aos olhos de quem vê de fora, parecem balelas as desculpas dadas pelos jogadores por não conseguirem desempenhar em uma determinada equipe o mesmo bom futebol que apresentaram em outra. Para os leigos, jogar futebol deveria ser igual em qualquer lugar, afinal a bola é a mesma, o campo tem as mesmas medidas, e as pessoas não podem desaprender a jogar do dia para a noite. Então, o que explica o incontável número de jogadores que conseguem ter sucesso em uma equipe, mas não jogam nada em outra?

Do lado dos atletas, posso dizer que é sempre complicado chegar a um novo clube, pois nunca se sabe como seremos recebidos, se nos adaptaremos à nova maneira de trabalho ou ao esquema tático já existente. Não sabemos se as nossas qualidades se encaixarão às necessidades daquela equipe nem se seremos aproveitados como prioridade ou se serviremos somente para completar o grupo. Começa-se tudo do zero, galgando passo a passo um lugarzinho entre os jogadores relacionados para o jogo, depois entre as opções do banco, até alcançar a possibilidade de ser titular.

É claro que o histórico ajuda no momento da contratação

e pode encurtar todo esse processo, mas, a partir da chegada ao clube, uma nova história se inicia para que se conquiste o respeito, a importância e a confiança de todos os membros que podem vir a influenciar em seu sucesso ou fracasso dentro de um clube, como atletas, técnicos, roupeiros e diretores, além da torcida e da imprensa, que acabam fazendo parte da vida do jogador. Não há uma fórmula certa para jogar bem em todo lugar, mas estar confiante e saber que os companheiros e o treinador contam com você são fatores preponderantes. Acho que foi isso que o Ferreirão tentou me mostrar antes que eu deixasse o Guarani.

Na manhã da segunda-feira, dia 20 de junho de 2005, desembarquei em Curitiba com meu primo/advogado, para assinar o contrato com o Clube Atlético Paranaense, um time que naquele ano já havia sido campeão estadual e disputava, de forma inédita, a semifinal da Copa Libertadores da América contra o Chivas Guadalajara.

A equipe fazia uma campanha incrível, e os jogadores eram adorados pelos torcedores nas ruas da cidade. Por isso, minha expectativa de jogar não era das melhores. Eu estava com apenas 21 anos e havia sido pedido como reforço pelo então treinador Antonio Lopes. Fui uma aposta da diretoria, que vinha contratando jovens talentosos no interior de São Paulo com o intuito de prepará-los e revendê-los a clubes europeus a médio prazo. De qualquer maneira, estava empolgado com a oportunidade, encantado com o clube e consciente de que deveria trabalhar muito até ter a minha primeira chance.

A oportunidade veio antes do que eu esperava. Por estarem focados na Libertadores, o técnico vinha escalando a equipe reserva para os jogos do Campeonato Brasileiro. Eu havia acabado de chegar e, logo na primeira semana de clube, fui colocado para jogar pelo Brasileirão. A estreia foi um empate sem gols contra o Fortaleza, em um jogo morno, sem torcida, que havia sido punida por ter cometido infrações nas finais do campeonato estadual.

No jogo seguinte, ainda com a equipe reserva, enfrentamos o arquirrival Coritiba, em minha primeira participação na Arena da Baixada. Nunca tinha entrado em um estádio tão bonito, com torcedores tão próximos ao campo. Fiquei olhando em volta, impressionado com o grito que vinha das arquibancadas. O jogo foi incrível, nos defendemos o segundo tempo inteiro com um homem a menos e conquistamos a primeira vitória no campeonato. O "Atlético B" ganhara do Coxa e quebrara uma série de nove jogos sem vitória no Brasileirão 2005. Ao final da partida, fui o escolhido para a entrevista coletiva e, quando entrei na sala de imprensa, fiquei assustado com a quantidade de repórteres e câmeras que estavam ali, esperando para escutar o que eu tinha para falar. Foi somente naquele momento que percebi a importância do meu feito, da nossa vitória e do clube que eu estava defendendo. Esse foi o meu primeiro grande jogo no Furacão e acabou me dando moral com a torcida e respeito com a comissão técnica, que, a partir de então, percebeu que poderia contar comigo em qualquer situação.

No meio da semana seguinte, o Atlético-PR disputou a final da Copa Libertadores contra o São Paulo, em pleno Estádio do Morumbi. Era um confronto decisivo, já que a primeira partida, disputada no Beira-Rio, havia terminado empatada em 1 × 1. A cidade de Curitiba parou para acompanhar o jogo. Os torcedores lotavam bares, se reuniam nas casas e faziam festa, esperançosos e cheios de orgulho daquela equipe que poderia conquistar a América. Eu assisti ao jogo pela tevê, na casa de amigos, e torci como criança pela vitória da equipe, sonhando um dia poder disputar uma partida importante como aquela. Ficava pensando que, em caso de vitória, poderia ter a chance de jogar a final da Copa do Mundo de Clubes da Fifa, em dezembro, no Japão. Infelizmente, o Atlético perdeu por 4 × 0, e o São Paulo sagrou-se tricampeão das Américas.

Lembro como foi o dia seguinte à decisão. A tristeza e a

decepção dos jogadores por ter chegado tão perto e não conseguir alcançar o objetivo esperado. Ao mesmo tempo, percebi o profissionalismo daqueles que, acostumados a jogar em alto nível, sabiam que no futebol não há tempo para lamentações. Apesar da derrota e do abatimento, em três dias o time teria de enfrentar o Atlético-MG em Belo Horizonte, pela décima rodada do Brasileirão. Eles haviam disputado uma final inédita pelo clube, mas, com a derrota e o fim da competição, já estavam novamente sob pressão. Isso porque a equipe ocupava o último lugar no Campeonato Brasileiro e precisava, urgentemente, recolher os cacos, correr atrás do prejuízo e fugir da zona de rebaixamento.

Como os atletas estavam cansados e desgastados pela final, quase não treinamos na quinta e na sexta-feira. No sábado pela manhã, antes do treino apronto para o jogo, Antonio Lopes me chamou e disse que eu jogaria no lugar do Durval (Santos). Eu nem acreditei. Olhei-o nos olhos, respondendo que estava pronto e não teria problema, enquanto, internamente, me perguntava como ele poderia tirar o jogador que havia recebido o prêmio de melhor zagueiro da Copa Libertadores daquele ano e me colocar em seu lugar. Isso me deixou ainda mais nervoso, pois percebi, ao receber o colete do time titular naquele dia, que os companheiros de equipe não estavam felizes com a saída do Durval. Nosso time era muito bom, cheio de jogadores experientes, como Cocito e Aloísio, e eu seria o único jogador diferente dos que fizeram grande campanha na Libertadores. A responsabilidade que eu estava assumindo era muito grande, mas eu me sentia pronto para ela.

Os momentos que antecederam aquela partida foram tensos e lembravam meu primeiro jogo como profissional, quando ainda tinha receio de colocar tudo a perder por causa de uma falha boba ou um erro grotesco. Mas eu estava mais preparado, visualizando que, se fizesse um bom trabalho, teria muito a ganhar. Já havia plantado as sementes, e era chegada a hora de colher os frutos de anos de trabalho e dedicação.

O vestiário do estádio antes da partida sempre é um caldeirão em ebulição, com membros da diretoria, oposição e curiosos observando tudo. Roupeiros e massagistas trabalham freneticamente para que tudo fique ao gosto dos atletas. Ataduras, pomadas, massagens, carboidratos, santos, velas, detalhes nas chuteiras, nas meias e nos uniformes são mais de uma vez revisados para que tudo saia conforme o figurino. Eles já conhecem o desejo de cada um dos atletas, que têm suas superstições e suas crenças e parecem depender daquilo para fazer uma boa partida. Qualquer coisa fora do script pode alterar a tradição e a concentração – por isso, cada vez mais, os treinadores evitam a entrada de conselheiros e diretores que não fazem parte do cotidiano da equipe no ambiente de trabalho. Naquele dia tudo correu bem. Vencemos o Atlético-MG por 3 × 2 em pleno Mineirão, consegui apresentar um bom futebol e fiquei feliz com os elogios do "delegado Lopes" ao fim da partida. Dali para a frente, não saí mais da equipe titular. Formei uma boa dupla de zaga com o Danilo (ex-Palmeiras, Udinese-ITA) e aprendi muito com o nível de exigência diário imposto pelo treinador, que, no meio do campeonato, deixou o comando da equipe para dirigir o Corinthians, sagrando-se o campeão brasileiro daquele ano. Para o seu lugar, trouxeram Evaristo de Macedo, que dirigiu a equipe até o fim, conseguindo chegar na sexta colocação do Brasileirão.

Aqueles primeiros seis meses no Atlético foram muito importantes para a minha carreira. A metodologia de trabalho era diferente das que eu tinha visto em outros clubes, e a predominância do treino de força (musculação) me tornou um atleta de verdade. Cheguei ao clube pesando 78 quilos e, em apenas seis meses, já estava com 84. Mais rápido, mais forte e mais feliz. Aquele ano foi incrível em todos os sentidos. Estar no Atlético-PR, treinar no CT do

Caju com a qualidade dos profissionais, desfrutar toda a estrutura de primeiro mundo oferecida pelo clube, jogar em alto nível contra os maiores times do país e ainda disputar o troféu Bola de Prata como um dos melhores zagueiros do campeonato pela revista *Placar*, tudo isso não foi pouca coisa. Aliás, o ponto alto daquele final de ano foi concorrer ao prêmio com o uruguaio Lugano e o paraguaio Gamarra, que acabaram ganhando como melhor dupla de zaga do campeonato. Foi uma honra estar na plateia ao lado desses e de outros tantos grandes jogadores. Nunca pensei que minha adaptação e minha evolução seriam tão rápidas e gratificantes.

12

A lenda

“**O futebol** ocupou um grande espaço na minha trajetória profissional. Fiz amigos, algumas conquistas e tenho que agradecer aqueles que me ajudaram. Entre eles, o Paulo André, profissional competente e, sobretudo, figura humana extraordinária. Atleta excepcional e homem exemplar. Paulo, você faz parte das minhas melhores recordações. Parabéns pelas suas merecidas conquistas.”

Evaristo de Macedo, treinador de sucesso e um dos maiores jogadores brasileiros de todos os tempos

Evaristo de Macedo, além de ótimo treinador, é considerado um mito como jogador, por ser um dos poucos atletas do planeta a fazer parte dos Museus tanto do Barcelona como do Real Madrid. Além de ser conhecido por seus gols e suas grandes jogadas, ele também é lembrado até hoje quando o assunto são situações engraçadas nos bastidores da bola. Exímio contador de histórias e piadas, sempre animou os jogadores antes dos treinos com suas conversas.

Apesar de estar com mais de 70 anos de idade, levava a vida e o trabalho numa boa. Todo dia exigia que fizéssemos o aquecimento em forma de bobinho para que ele, apesar de suas limitações físicas, pudesse participar da brincadeira. Adorava aquele ambiente e inventava regras para que o jogo ficasse mais dinâmico. Gostava da bola e inúmeras vezes, ao fazer um bom passe ou enganar o bobo com uma finta, ele gritava em alto e bom som:

— Não vem, não. Não vem que eu rabisssco, meu filho!

Era a alegria da boleirada, que via nele uma espécie de treinador em extinção. Nos treinos, não havia um esquema tático definido, mas percebia-se que era um apaixonado pelo futebol arte e dava liberdade aos jogadores para que criassem e usassem suas habilidades em prol da equipe. Em pouco tempo caiu nas graças dos jogadores e fez o time vencer cinco partidas seguidas. Nesse período em que trabalhamos juntos, alguns momentos me marcaram e me fizeram entender como devia ser o futebol romântico de outrora.

Certa vez, numa preleção antes do jogo contra o Brasiliense, ele escreveu o nome de cada adversário numa folha de papel. Como de praxe em todas as suas palestras, ele falou o nome do goleiro, suas qualidades e seus defeitos. Depois veio o lateral-direito e os dois zagueiros, repetindo pontos fortes e fracos (quase sempre iguais para todos os atletas de todos os times). Quando chegou ao lateral-esquerdo de nome Márcio Careca (hoje no Vasco da Gama), ele tinha anotado erroneamente Márcio Carioca. Por ser carioca, seu Evaristo (como era conhecido), com sotaque carregado, leu em voz alta:

— Na esquerrrda, é Márrrrcio Carioca. Bom, se é carioca, e eu não conheço, não deve jogar porra nenhuma!

Gargalhada geral. Ninguém teve coragem de corrigir seu Evaristo, que seguiu em frente para comentários dos volantes antes de relembrar rapidamente o nosso esquema.

Em outra oportunidade naquele ano, jogávamos um Atletiba (Atlético × Coritiba) no Couto Pereira, e, ao começar a preleção, ele sentiu que estávamos muito sérios, com certo receio de enfrentar o nosso maior rival. Seu Evaristo encarou cada um dos relacionados, olhou para a prancheta, leu o nome dos jogadores do time adversário em voz alta e disse:

— Não conheço nenhum desses caras, não sei por que vocês estão com medo. Hoje não tem palestra, podem ir lá pra cima e ganhar esse jogo.

Resultado final: 2 × 1 para nós, sendo que o segundo gol foi meu, de cabeça, no final do segundo tempo.

Naquele ano disputei jogos que ficarão marcados para sempre em minha memória, como o 4 × 0 sobre o Palmeiras, em que o estádio cantava em uníssono:

— Chega de bobeira, chega de bobagem. Já virou sacanagem.

Ou ainda uma batalha épica contra o Cruzeiro na Arena da Baixada, que terminou em 5 × 4 para a gente, com o gol da vitória marcado no último minuto pelo atacante Schumacher. Não posso esquecer o meu primeiro gol pelo clube, marcado no histórico 7 × 2 contra o Vasco da Gama.

Histórias de bastidores como essas muitas vezes não chegam aos torcedores e aos apaixonados pelo esporte, mas é o que nos dá tanto prazer em jogar futebol.

13

Hora de partir

“ **Morar fora** do Brasil foi muito válido para mim, pois nos Estados Unidos é possível conciliar o estudo com bastante treino, já que, lá, o esporte é totalmente integrado à Universidade. Apesar de ter sido difícil deixar família e amigos para trás, essa é a realidade de muitos atletas brasileiros que precisam se deslocar para o exterior para evoluir em seus esportes.

Essa experiência internacional contribuiu para que hoje eu me tornasse um empresário. Além disso, tive a sorte de conhecer minha esposa e constituir uma linda família nos Estados Unidos. ”

Gustavo Borges, nadador, oito vezes campeão Pan-Americano
e quatro vezes campeão mundial

Em um time de futebol, o grupo é formado por mais ou menos 30 jogadores, e no início de uma temporada talvez o único objetivo comum seja o de ser campeão. Individualmente cada um tem um desejo e uma meta. Uns esperam ter a primeira chance no profissional, outros estão voltando de empréstimos e buscam desesperadamente provar o seu valor. Há os que fizeram uma boa temporada e querem ser vendidos para a Europa e aqueles que resolveram voltar e recomeçar a vida no Brasil. Sem contar os que já estão há alguns anos ali, completamente acostumados àquele ambiente e com a intenção de marcar seus nomes na história do clube.

Esse processo se repete a cada ano, e novos atletas surgem com sentimentos e expectativas muito semelhantes aos de jogadores que já passaram por ali. Os mais experientes, conscientes dessas etapas, conseguem perceber as diferenças de ser um novato, uma estrela ascendente ou um jogador rodado. Em cada situação, há uma maneira distinta de ver a vida, de treinar, de se preparar para o jogo e, até mesmo, de jogar.

Em 2006 tínhamos no papel um grande time no CAP, com Michel Bastos, Dagoberto, Denis Marques e companhia. Fizemos uma boa primeira fase no estadual, terminando em primeiro lugar, e estávamos invictos sob o comando de Lothar Matthäus, ex-jogador e capitão do título alemão na Copa do Mundo de 1990. Aliás, foi com ele que tive o melhor começo de ano da minha carreira. Em dez jogos sob o comando do alemão, marquei seis gols. Era o capitão da equipe e estava em plena ascensão. Pena que ele resolveu nos deixar no meio de uma semana decisiva de mata-mata do Campeonato Paranaense, o que acabou nos prejudicando e nos fazendo cair diante da Adap de Campo Mourão nas quartas de final. Foi um desastre do qual sinto vergonha até hoje.

Pelo bom desempenho durante o campeonato, ganhei o prêmio de melhor zagueiro do Paraná e comecei a despertar o interesse de empresários e clubes europeus. O telefone tocava dia e noite, e os agentes falavam de negócios milionários e salários estratosféricos. No fundo, o que eles queriam era que eu assinasse um contrato de exclusividade que lhes garantiria direito aos 10% de comissão por qualquer negócio que eu viesse a efetuar. Ou seja, "sentariam" em cima desse contrato e aguardariam uma transferência que surgiria cedo ou tarde pelo bom futebol que eu vinha apresentando.

Com o passar do tempo e a quantidade de ligações aumentando, fui me acostumando e parei de acreditar em qualquer história, mas continuei sonhando com a possibilidade de um dia jogar na Europa. Resolvi conversar com a diretoria sobre as propostas que vinha recebendo, no intuito de renovar meu contrato e ter uma merecida valorização. Eu estava feliz ali, não queria sair, e a vontade de ter a renovação era motivada por duas questões: primeiro, eu era importante para a equipe, e muitos atletas que nem estavam sendo utilizados ganhavam mais do que eu; segundo, fruto do medo, era a possibilidade de uma queda de rendimento ou de uma lesão que poderiam me fazer perder aquela excelente fase e, consequentemente, uma transferência.

Eu sabia que o Atlético tinha a política de comprar jovens talentos quase sem custo algum, pagando baixos salários, a fim de valorizá-los e vendê-los a clubes europeus, e foi por isso que aceitei ir para lá. Mas, menos de um ano depois, eu já era o capitão da equipe e considerado um dos melhores zagueiros do Brasil. Eu queria que isso fosse reconhecido e, para tanto, deveria pelo menos ter um aumento de salário.

Além de estar jogando bem, eu sempre fora um bom profissional. Vivia futebol 24 horas por dia, e era só isso que importava em minha vida. Era o primeiro a chegar e o último a sair dos treinos, trabalhava até meus limites, cumpria todas as regras, motivava os atletas e conversava com a molecada da base para que dessem valor aos treinos e tivessem cuidado com a vida extracampo. Assistia aos vídeos dos nossos jogos, buscava melhorias e alternativas para não cometer os mesmos erros, estudava os adversários e suas características mais gritantes. Acreditava que tudo na vida vinha através de merecimento e que nada cairia do céu se eu não me esforçasse mais que os outros para conseguir.

Não estava fazendo média com ninguém, pelo contrário, fazia isso por amor à minha profissão, aos treinos e aos títulos que queria ganhar. E, claro, pela tranquilidade financeira que a minha profissão poderia me oferecer se eu fosse bem-sucedido. Mas o pedido de aumento não foi atendido pela diretoria, e isso me deixou extremamente chateado. Comecei a dar ouvido às propostas de fora e vislumbrei a possibilidade de sair no meio do ano para jogar no futebol europeu.

Semanas depois, estava concentrado para o jogo do Atlético-PR × Juventude, na Arena da Baixada, e recebi o telefonema de um empresário que falava um péssimo português e me alertou sobre a presença de olheiros de uma equipe francesa chamada Le Mans. Eles estavam lá para me ver jogar e queriam me encontrar. Eu concordei e disse que ligaria após a partida.

Entrei no gramado e, diferentemente da época de amador, em que queria impressionar seu Carlinhos Magalhães, fiz o meu trabalho, muito mais preocupado em vencer o jogo do que em aparecer para os europeus. Vencemos a partida por 1 × 0, com um gol do Denis Marques no último minuto. Saí do estádio para um restaurante chique de Curitiba, onde me encontrei com o agente e um olheiro francês.

Conversamos por horas, falamos sobre o futebol brasileiro, o campeonato francês, salários e transferências. Escutei que eles tinham gostado muito do meu desempenho e, por isso, estavam avalizando a vinda do diretor da equipe para que ele acompanhasse o jogo seguinte e desse o parecer final sobre a minha contratação.

A partida aconteceu numa quarta-feira à noite, em Belo Horizonte, contra o Cruzeiro, no Estádio do Mineirão. Apesar da concentração e da experiência, lembrei-me do diretor francês, que me assistia de algum lugar das tribunas do estádio. Acabei descobrindo que, assim como todos os jogadores de futebol, não sou uma máquina programada somente para jogar os 90 minutos sem pensar em mais nada. Nos primeiros lances da partida, evitei errar ou arriscar demais. Queria impressioná-lo e tentei jogar no estilo que eu entendia ser do agrado dos europeus, com menos toques na bola, mais velocidade nas interceptações e bom jogo aéreo. Aos poucos, a partida foi ficando tensa, e finalmente esqueci completamente que tinha alguém me assistindo. Fiz um bom jogo, e no fim, com um gol do Alan Bahia (volante), empatamos em 1 × 1 e saímos com um bom resultado de Minas Gerais.

Após o jogo, voltamos ao hotel para jantar e dormir, já que o nosso voo sairia somente na manhã seguinte. Eu já estava no quarto quando recebi uma mensagem dizendo que os franceses estariam me esperando no café da manhã, às 7 h, para uma conversa.

Acordei cedo, ansioso para saber o que tinham para me falar. Escovei os dentes, arrumei o cabelo e desci ao restaurante para encontrá-los. Ao chegar, olhei à minha volta para ver se não havia ninguém do Atlético-PR por perto — não queria que soubessem com quem ou sobre o que eu estava conversando. Ao sentar-me na mesa, o diretor francês, muito educado, pronunciou algumas palavras em português, dizendo que assistira ao jogo na noite anterior ao lado do presidente do CAP, Mário Celso Petraglia. Fiquei mais tranquilo com essa informação e entrei na conversa, perguntando coisas sobre a equipe francesa. Ele disse que estava montando um time para conquistar uma vaga nas competições europeias e que eu me encaixaria muito bem na defesa.

— Eu gosta do seu jogo. Não precisar ver mais nada, para mim negócio fechado — ele arranhou em português.

Eu fiquei feliz, disse que também tinha interesse em jogar no futebol francês e que, dependendo das bases salariais, poderíamos entrar em um acordo. Autorizei-os a negociar com o Atlético-PR.

Logo que saí dali, liguei para o meu pai e disse que chegara a hora de partir. Contei como havia sido a conversa e falei que deveríamos esperar as cenas dos próximos capítulos, mas que as coisas já estavam bem encaminhadas. Ele quis saber quanto eu ganharia e como tudo funcionava.

— Quem paga o imposto? Eles te darão um carro? E as passagens? — questionou.

Eu o acalmei e, apesar de não saber de nada disso, disse que tudo daria certo.

O que eu não imaginava é o quanto demoraria para uma transferência desse tipo se concretizar, pois daquele dia até chegar à França foram quatro semanas de duras negociações e discussões com o Atlético-PR. O presidente Petraglia disse que só me liberaria se eu abrisse mão dos 20% a que tinha direito. Eu o lembrei de que já havia sido prejudicado na minha chegada ao clube e que não poderia perder de novo. A inviabilidade do negócio me fez, no fim das contas, aceitar ficar só com 10% do valor da transferência.

Durante esse período, treinei e joguei pelo Furacão com a mesma dedicação de sempre. Em meu último dia no clube, passei para pegar as chuteiras e me despedir dos companheiros. Eles já estavam no campo, e tive de subir para cumprimentá-los. Ao descer de volta para a administração, entre as árvores do CT, comecei a chorar por lembrar como tinha sido feliz ali. Adorei cada segundo que havia passado naquele lugar e percebi como tinha crescido pessoal e profissionalmente. Agradeci a Deus e ao Atlético-PR e prometi a mim mesmo um dia voltar.

Essa promessa quase se concretizou três dias depois de eu ter embarcado para a França. Ao sentar para fechar o acordo com o diretor do clube, um valor completamente diferente do combinado me foi proposto. Parece brincadeira, mas, depois de três dias de negociação, peguei as malas, entrei no avião e voltei ao Brasil, sozinho. Liguei para o Petraglia, que disse para eu ficar tranquilo porque outras coisas apareceriam. Na minha cabeça, jogaria no Atlético-PR e começaria tudo de novo. Mas os agentes que vinham negociando entre as partes continuaram em Le Mans, buscando uma fórmula que chegasse aos números que haviam sido propostos inicialmente. Por incrível que pareça, na mesma noite de minha chegada a solo brasileiro, estava embarcando de volta à França para assinar o contrato e ser apresentado oficialmente como jogador do Le Mans.

Minha rescisão com o Atlético-PR ocorreu no dia 20 de junho de 2006, exatamente um ano depois de ter chegado ao clube. Eles haviam gastado 200 mil dólares e me venderam por 4 milhões de euros. Acho que foi um bom negócio para todos os envolvidos.

14

Europa: a primeira pré-temporada

“**Mudar de país** é complicado. Normalmente saímos do Brasil imaginando a mudança do idioma, da alimentação, do clima e da própria cultura. Mas nunca achei que fosse encontrar tamanha diferença nos treinos e no que diz respeito ao futebol. Parece até outro esporte. Ou você aceita e se adapta, ou voltará cedo ao futebol brasileiro.”

Grafite, atacante, atualmente no Al-Ahli dos Emirados Árabes

No dia 26 de junho de 2006, assinei meu contrato e me apresentei ao Le Mans Union Club. No dia 27 de junho, eu e toda a equipe viajamos para Megève, na Suíça, cidade conhecida pelas famosas estações de esqui, local onde faríamos a minha primeira pré-temporada em solo europeu. Foi uma viagem que jamais vou esquecer.

Primeiro porque, antes de sair do clube em direção ao aeroporto, percebi que cada jogador deveria levar dentro da própria mala as roupas dos treinos, as chuteiras e tudo o que fosse utilizar durante a preparação. Uma realidade completamente diferente da que estamos acostumados no Brasil, onde somos tratados como estrelas (entenda como quiser), com mordomias e facilidades, como não ter de fazer o check-in no aeroporto nem limpar as chuteiras depois dos treinos. Seria inimaginável pensar em levar camisas, calções, meias, tênis de corrida, toalha e caneleira. Aqui, normalmente esse serviço é feito pelos roupeiros e pelos funcionários do clube, enquanto o jogador só tem a obrigação de chegar no horário com sua bagagem pessoal, como o laptop, o iPod e a nécessaire. Em segundo lugar, porque sempre escutei que a pré-temporada na Europa era algo que me daria um condicionamento físico melhor e que o treinamento por lá era algo de Primeiro Mundo. Mas o que aconteceu foi, para mim, surreal.

Chegamos ao hotel às dez horas da manhã. O supervisor nos separou em quartos duplos e disse que o almoço estava marcado para o meio-dia. Ele nos alertou também para que descansássemos e descêssemos ao saguão, com roupa de treino, às 14 h, para iniciar o trabalho. Pelo menos foi isso que o Grafite, meu companheiro de quarto, traduziu.

Ao chegar ao lobby, dezenas de bicicletas e capacetes ocupavam todos os espaços do hotel, e me assustei quando vi que os jogadores começaram a colocá-los na cabeça, amarrando-os embaixo do queixo. Na sequência, subiram nas bicicletas e saíram em direção à rua. Eu olhei para o Grafite, que estava fazendo a mesma coisa. Sem entender uma palavra e, pior, sem conseguir pronunciar uma palavra em francês, resolvi imitar meu compatriota e segui atrás.

No meio do caminho, através de mímicas e observação, fiquei sabendo que o treino era andar de bicicleta por uma hora e meia, puxados pelo treinador e pelo preparador físico, que pareciam estar se divertindo muito. Quando me dei conta, o médico, o fisioterapeuta e o supervisor estavam me ultrapassando com suas bicicletas, e resolvi acelerar para não ficar para trás. Eu me perguntava o que estávamos fazendo ali e por que os funcionários estavam "treinando" com a gente. O pessoal da comissão técnica estava passando do limite, escolhendo trilhas perigosas nas subidas e nas descidas das montanhas, por entre pedras e árvores que se afunilavam de repente. Numa delas, e já debaixo de chuva, o Grafite não conseguiu desviar e acabou caindo morro abaixo. Ele deve ter voado uns dois ou três metros, e me lembro de quando, uns cinco minutos depois, ele reapareceu a nossa vista, com a bicicleta nas costas, todo cortado (cotovelo, pescoço e joelho), reclamando daquela brincadeira sem graça.

Continuamos a pedalar e seguimos nosso "trabalho" até a nascente de um rio, no pé da montanha. Para minha surpresa, um furgão cheio de caiaques, remos e coletes salva-vidas nos esperava. Lá fomos nós, de novo, nos vestir para mais uma aventura. Eu e meu fiel escudeiro (e tradutor) Grafite formamos dupla no mesmo caiaque. Eu entrei primeiro e percebi que a água estava congelante, até porque vinha do gelo no topo da montanha. Grafite entrou no caiaque, e, cinco segundos depois, o barquinho virou. Eu não sabia se xingava o Grafite ou se tentava desvirar o caiaque para subir logo e sair daquela água gelada. Mas, como não o conhecia muito bem, fiquei quieto. Pensei: "tudo bem, trabalho é trabalho, vamos lá".

Seguimos em frente, desviando de pedras, passando um frio desgraçado porque estávamos molhados da queda e sem fazer a menor ideia de onde aquilo nos levaria. Uma hora e meia depois do início, em certo ponto do rio, vimos a comissão técnica, que fez todo o trajeto conosco, encostando na margem e descendo em terra firme. Todos os jogadores acompanharam o movimento, e nós, eu e o Grafite, seguimos o fluxo, loucos para pegar a van, acabar com aquela aventura e voltar para o hotel. Mal sabíamos o que estava por vir.

Tira a roupa de caiaque, coloca a roupa de alpinista. Dois bastões para cada um, para apoiar na caminhada rumo a 2 mil metros de altitude. Eu achei que fosse brincadeira ou que realmente não estava entendendo a mímica, mas não, subimos por mais ou menos três horas. Escalamos entre árvores, pedras e escorregões. Atravessamos desfiladeiros onde só passava um pé de cada vez e escutávamos as pedrinhas batendo lá no precipício ao tocarem o chão.

Olhei para o Grafite, que ainda estava todo machucado, e disse que deveríamos parar e voltar para o hotel. Arrumamos mais dois ou três jogadores que também não aguentavam mais e pensamos em desistir, apelar ao treinador, qualquer coisa para sair dali. Com um humor negro em um momento nada propício, pensamos até como faríamos para descer aquela montanha. Será que eles iam inventar um paraglider para terminar aquela epopeia? Conversamos sobre todas as possibilidades, até porque, em três horas de subida, eu já estava quase falando francês. Pelo menos aprendi uns dois palavrões, só para xingar o pessoal lá da frente, em especial o "grosse tête" (cabeção) do treinador.

Às 20 h daquele dia, depois de seis horas de atividades e desafios, chegamos ao destino. Um chalé lindo, com uma vista incrível para as montanhas e para várias garrafas de cerveja e petiscos. Parecia uma miragem depois de tanta chateação. Segundo os franceses: objetivo conquistado, comemoração garantida. Jogadores e comissão técnica bebendo e falando sobre o desafio que tínhamos acabado de vencer.

Depois da alegria, hora do banho. Eis a primeira constatação em solo francês: franceses não gostam muito desse negócio de banho. Era um chuveiro só, para 30 atletas mais a comissão técnica. Água gelada. A maioria fugiu, preferiu deitar e descansar.

Hora do jantar. Sopa, salada e pão. Esqueceram o prato principal. Ah, não, ele estava vindo. Um pedaço de frango ao centro do prato, sem arroz, sem macarrão, sem nada. Segunda constatação: na França se come pouco.

Hora de dormir, mas por quê? Cadê o paraglider? Quero descer daqui! Não, não... Vamos ter de dormir no chalé porque amanhã cedo subiremos mais 600 metros, rumo ao topo da montanha. Beliches espalhadas por um único quarto, como um albergue daqueles de filmes antigos. Tudo bem, eu estava tão cansado que nem percebi se a cama era boa ou se tinha barulho lá fora. Hora do descanso dos justos.

Acordamos às 8 h, e aproveitei o café da manha para tirar o atraso na fome. Eu me enchi de pão com manteiga e água, porque o café estava "intomável". Seguimos viagem rumo ao topo da montanha. Subimos pelo gelo, em fila indiana, sem conversa, sem paciência, só por obrigação. Lá em cima, tudo lindo, uma paisagem fenomenal, inesquecível.

Hora de descer, que tal correr? Pois é, africanos, japoneses, sérvios e franceses correndo, se divertindo, e eu e meu tradutor Grafite nos perguntando: "onde é que a gente veio parar?".

A história terminaria aqui, mas aconteceu algo que não pode ficar sem registro. Volto para Le Mans e ligo para o Michel Bastos, que também tinha saído do Atlético-PR para o Lille da França, na mesma época que eu. Quero saber como ele está, se está se adaptando bem e se já está falando alguma coisa em francês. Aproveito a ligação para contar da nossa pré-temporada, ver se ele se solidariza com tudo pelo que passamos, mas Michel, com uma naturalidade muito grande, quase francesa, disse:

— Sorte a sua, porque nós fizemos tudo isso e ainda tivemos que subir a montanha com a bicicleta nas costas.

É mole? *Vive la France*!

15

França: vivendo os costumes

"**Nos primeiros** meses tudo pode acontecer. As situações inusitadas, os erros e principalmente a saudade nos fazem duvidar se aquela transferência foi o passo certo. Com o tempo, as dúvidas desaparecem e aprendemos a valorizar a cultura daquele povo. Mas posso dizer que, depois de seis anos fora, a saudade do meu país, da música, do churrasco e da alegria do povo nunca acaba."

Michel Bastos, lateral-esquerdo do Lyon da França

Depois de cinco dias de uma inesquecível pré-temporada, embarcamos em um avião fretado que nos levou de volta ao Aeroporto de Le Mans. A intenção da comissão técnica era terminar aquela primeira semana de treinos com um jogo amistoso contra o Besiktas, da Turquia, que também estava na região fazendo sua preparação para as competições do ano. Diferentemente do que acontece no Brasil, o treinador nos liberou para que fôssemos almoçar em casa, com a família, e pediu que nos reencontrássemos às 15 h, direto no estádio.

Será que ele havia esquecido que eu não tinha lar nem família naquele lugar? Pensei em perguntar se não podia almoçar no hotel e esperar até o jogo, mas fiquei com vergonha e, como tinha alugado uma casa às pressas antes de viajar para a pré-temporada, resolvi ir para lá.

Ao abrir a porta e entrar naquele lugar, lembrei-me de que a casa estava completamente vazia, sem lençóis, sem toalhas e, principalmente, sem comida. Eu a havia alugado só para não perder a locação (por se tratar de uma boa residência) e para ter onde deixar as malas e as coisas que eu trouxera do Brasil.

Saí andando a pé em direção ao centro, estava morrendo de fome e procurava qualquer coisa para comer. No caminho, avistei uma *boulangerie* (padaria) que mais parecia uma boutique. Lembrei que nosso pãozinho se chamava francês e que o croissant deles era super famoso, então resolvi entrar e matar a fome. Tinha uma infinidade de tipos de pães, e fiz com os dedos o número três, sem falar nada, só apontando com o dedo. A balconista falou alguma coisa, e eu já comecei a juntar o dinheiro. Ela continuou me olhando, e compreendi que, na verdade, queria saber qual dos pães eu gostaria de levar. Apontei de novo para um tipo específico. Estava bonito, parecia delicioso. Tudo estava indo bem até que a sem-vergonha pegou meu pão com as mãos: sem luvinha, sem pegador, sem nada, só com aqueles dedos grandes e sujos. Embrulhou-os num pedaço de papel e me entregou. Eu disse, ou melhor, apontei... Na verdade não fiz nem um, nem outro. Engasguei e, quando percebi, a balconista não estava mais me dando atenção, já tinha pegado as moedas e estava falando com a moça atrás de mim na fila. Para piorar a situação, o pão de que tanto falavam era diferente do que eu esperava, não tinha recheio nem era saboroso como parecia. Saí dali revoltado, ainda com fome e não entendendo por que o nosso delicioso pãozinho é até hoje chamado de pão francês.

O jogo naquela tarde foi bom. Empatamos em 0 × 0, e pude perceber que teria muito a aprender sobre o estilo de jogo europeu. Tudo muito diferente do praticado aqui no Brasil. Os movimentos eram mais rápidos, ninguém dava mais do que um ou dois toques na bola, e os dribles eram artigos de luxo, os quais as equipes não faziam questão de usufruir. O campo parecia menor, os duelos eram travados num espaço de 30 metros, e os jogadores jamais desistiam de uma jogada. Para fazer uma falta, era preciso entrar muito duro em alguém, senão o juiz mandava o lance seguir.

Ao final da partida, procurei o diretor da equipe, o mesmo que tinha vindo ao Brasil me contratar, e pedi cópia dos jogos do time na temporada passada, para que eu pudesse estudar e entender como eles jogavam e o que eu deveria fazer para me adaptar o mais rápido possível àquele estilo de jogo. O diretor ficou me olhando, meio assustado e admirado, e disse que na segunda-feira me entregaria todo o material de que dispunha.

Ganhamos um dia de folga, o que me serviu para descobrir que nada, absolutamente nada, abre aos domingos na cidade de Le Mans. Quando percebi isso, já era quase horário do almoço, e me perguntei como faria para comer. Boulangerie de novo? Não, melhor ligar para o Grafite e pedir ajuda. Fui almoçar na casa dele. Comi arroz, feijão, farinha e carne. Aproveitei para passar a tarde por lá, com minha "nova família".

Minhas aventuras em território francês continuavam a todo vapor e, apesar das dificuldades, estava me divertindo com tudo aquilo. A língua era um empecilho que criava algumas barreiras e situações inusitadas, como no maldito dia em que achei que já entendia o que o treinador dizia. Ele reuniu todos no vestiário e disse (pelo menos foi assim que eu entendi) que o treino seria leve e que não precisaríamos nos preocupar com a intensidade nem com a tática. Num bom português, seria o nosso famoso rachão.

Começou o treino, e eu já me mandei para o ataque, me aventurando na parte ofensiva do campo, sempre tentando fazer uma gracinha ou um lance diferente. Meu time estava tomando uma lavada, ninguém acertava nada. Como o jogo já estava perdido, resolvi tentar um chapéu de chaleira no Grafite. Foi a gota d'água para o treinador. Ele começou a gritar sem parar. Não entendi por que fez aquilo, muito menos o que ele estava gritando. Antes de ele terminar, escutei algo como Copacabana, mas achei que fosse a minha imaginação. Os jogadores, em fila, começaram a correr em volta do campo, todos me olhando e rindo. Eu fui atrás, sem graça, e sem entender nada.

Como o Grafite, com seu francês sofrível, também não sabia o tinha acontecido, corremos calados por 30 minutos, até que nos mandaram para o vestiário. Lá dentro os franceses, com mímica, nos explicaram que ele havia ficado bravo por eu estar desdenhando do treino e que eu pensava estar em Copacabana, de férias na praia, jogando pelada com amigos — eu sabia que tinha ouvido Copacabana. Como castigo, ele acabou com o treino e nos mandou correr. Para piorar o meu lado, o apelido pegou, e agora eu era o Copacabaná (com sotaque francês).

Alguns dias depois, ao chegarmos ao treino, fiquei sabendo que teríamos uma manhã de fotos da equipe, para produção dos encartes e dos pôsteres para toda a temporada. Ficamos um tempão perfilados, sorrindo, esperando senhores de terno e gravata que chegavam a torto e a direito. Tivemos até discurso do prefeito da cidade. Não fazia a menor ideia do que ele estava falando, só sei que ficava me olhando o tempo todo. Ao final das fotos, um fotógrafo muito sorridente pediu que eu, o Grafite e o Túlio (outro brasileiro da equipe) nos juntássemos para a foto dos brasileiros. Fizemos pose, sorrimos, enquanto se aglomeravam mais fotógrafos e repórteres. Depois de alguns minutos, começamos a nos separar para que parassem as fotos. Foi quando aquele sorridente fotografo disse: "Maintenant, juste les cous, juste les cous". Eu, sem entender nada, disse baixinho para os meus dois companheiros: "Juntem o c...? Assim não dá, né?". Caímos na gargalhada, e os repórteres se divertiram muito achando que aquilo fazia parte da alegria brasileira. Mais tarde, o Túlio me disse que *cou* em francês significava pescoço.

Não pararam por aí as curiosidades e as diferenças culturais no futebol francês, especialmente no meu clube, que tinha um maluco como treinador. Frédéric Hans, que, apesar do nome alemão, era de origem francesa, tinha feito uma boa campanha com a equipe na temporada anterior e estava cheio de moral com toda a cidade.

Apesar de seus métodos de trabalho serem pouco ortodoxos, tudo o que ele queria ou pedia era atendido prontamente pelo presidente do clube, e ninguém tinha coragem de contestá-lo.

Lembro-me de quando, ao perdermos dois jogos seguidos pela primeira vez no ano, ele pediu à diretoria que nos levasse a uma intertemporada na cidade vizinha de Angers. Assim como acontece no Brasil, nessas viagens costumamos treinar e assistir a vídeos dos adversários o dia inteiro. Não sei por que, mas com ele isso era ainda mais chato, e já estávamos preparados para uma semana triste e cheia de problemas. Mas o que aconteceu entrou para a história.

Terça-feira: prova de karting em circuito profissional próximo ao hotel, com direito a pódio e troféu para os jogadores campeões.

Quarta-feira: tiro a laser. Uma disputa entre duas equipes, que tinham como objetivo atirar uma na outra e fazer a maior pontuação. Aos vencedores, bebida à vontade na chegada ao hotel.

Quinta-feira: saímos do hotel andando de bicicleta pelas ruas e pelas estradas da região durante 30 minutos e em seguida voltamos à piscina para relaxar e conversar.

Sexta-feira, véspera do jogo: fizemos um treinamento tático com as mãos que durou, no máximo, 15 minutos.

No sábado à noite, ganhamos de 2 × 0 fora de casa, e percebi que tudo o que acreditava ser verdade no futebol tinha virado pó. A partir dali, assumi que não entendia nada de bola e que aquele treinador era um verdadeiro gênio.

Numa outra oportunidade o Coach, como gostava de ser chamado, fez uma coisa incrível. Levou apenas 14 jogadores para um jogo oficial da primeira divisão francesa, quando normalmente se levam 18. Sua justificativa era que o time reserva havia treinado muito mal, e ele preferia ir sem ninguém ao jogo do que levar jogadores que não estavam comprometidos. Hans queria valorizar cada posto do banco de reservas e dizia que, para merecer estar ali, deveríamos nos dedicar muito durante a semana. Mais uma vez estava certo, e ganhamos o jogo por 3 × 1. A sorte é que ele não precisou fazer substituições. Eu queria ver, se o goleiro tivesse se machucado, o que aquele maluco faria?

Hoje me divirto com esses fatos, mas na época foi difícil engolir muita coisa. Esforcei-me e estudei quase que diariamente para aprender o francês, me comunicar e conseguir quebrar algumas barreiras do dia a dia. Posso dizer que valeu muito a pena me ver, depois de quatro meses, dando entrevistas para rádios e tevês locais. Devo confessar que fui à França com a cabeça aberta, sedento por novas experiências e aprendizagens, mas várias vezes senti saudades do Brasil, da família e, principalmente, do futebol brasileiro. Convicto de que as coisas dariam certo, estava realizando um sonho de criança, e em nenhum momento pensei em voltar atrás ou desistir. Para isso, foquei no trabalho e segui em frente, passando por cima de qualquer diferença cultural que pudesse me atrapalhar. O bicho só começou a pegar quando me lesionei e tive de passar por uma cirurgia em solo francês. Não vou contar neste livro todo o drama e os problemas que tive com os médicos e com a medicina francesa, mas vou dizer que, assim como todo bom brasileiro, resolvi bem a questão.

16

Jeitinho brasileiro

“**Para se chegar** ao sucesso no esporte, passa-se por inúmeras dificuldades. As lesões foram as que mais me atrapalharam na carreira, mas, por outro lado, me ensinaram a cuidar melhor do corpo e da mente. Só com muito trabalho e fé é possível seguir adiante, pois a vontade de sucumbir bate à porta todos os dias pela manhã. Esse é o maior aprendizado que levei dos tempos em que joguei com o Paulo em Le Mans.”

Túlio de Melo, atacante brasileiro há oito anos na Europa

Todos sabem que algumas dores, entorses e tendinites são coisas cotidianas dos atletas de alto rendimento, mas em Le Mans isso estava se tornando um problema. Não existia manutenção, prevenção, fortalecimento, nada. Qualquer tipo de lesão, do ligamento cruzado a uma pancada na canela, era tratado pelos médicos e pelos *kinés* (fisioterapeutas franceses) com homeopatia, massagem e muita reza.

Depois de inúmeras reclamações e problemas com o departamento médico do clube e com os diretores (pela falta de estrutura aos atletas), decidimos resolver o problema com um jeitinho brasileiro. Convidamos o fisioterapeuta Elliot Paes (que era do Atlético-MG) para vir à França trabalhar conosco. Inicialmente ele moraria na casa do Túlio e ficaria à disposição para o nosso tratamento diário, antes e depois dos treinos. O intuito era que não tivéssemos que parar de treinar por causa de qualquer dorzinha e que seu trabalho nos possibilitasse uma recuperação rápida em caso de lesões mais sérias.

Como os diretores não autorizaram que ele trabalhasse dentro do clube, resolvemos pagar seu salário e transformamos a garagem da casa do Grafite em uma clínica de reabilitação. Compramos aparelhos de musculação e de fisioterapia e decoramos o ambiente com macas, borrachas, pesos, toalhas e até um relógio de parede. Diariamente passávamos horas por lá, trabalhando e colocando o papo em dia. Nós nos dedicávamos de verdade aos exercícios que o "chefe" Elliot propunha e, quando ele autorizava, aumentávamos o som e escutávamos uma boa música brasileira. Era muito melhor estar ali do que em casa, sozinho. Às vezes, tínhamos a agradável surpresa de ver a esposa do Grafite, Kelly Maria, entrar na "clínica" com bolo e suco para reabastecer as nossas energias.

Por sorte, o Elliot também era formado em Educação Física, o que nos permitia não só tratar mas também aprimorar o condicionamento físico. Os treinos escondidos tiveram, em pouco tempo, grande influência na melhora da nossa performance, tanto que acabaram sendo notados por outros colegas de clube. O Grafite e o Túlio deram um salto de qualidade nos trabalhos do dia a dia e principalmente nos jogos. Prova disso é que, menos de um mês depois, a notícia da nossa "academia" se espalhou e fez com que ganhássemos novos clientes para a nossa garagem. Adriano Lobinho (zagueiro, ex-Atlético MG) vinha de Nantes, cidade que fica a 200 quilômetros de Le Mans, duas vezes por semana para tratar uma lesão no músculo adutor da coxa. Além dele, o sérvio Marko Basa e o francês Mathieu Coutadeur, nossos companheiros de equipe, também usaram nossa estrutura para se reabilitar de lesões. As coisas iam bem, e a solução que havíamos encontrado supria nossas necessidades. Estávamos investindo em nós mesmos, na nossa carreira e no nosso futuro.

Infelizmente para mim, o acompanhamento especializado do Elliot e os investimentos que fizemos não foram suficientes para me recuperar de uma lesão no tendão patelar do joelho direito, e a intervenção cirúrgica acabou sendo necessária. Ao todo, passei por três cirurgias e fiquei mais de um ano e meio fora dos gramados. Perdi as contas de quantas noites fiquei sem dormir, buscando respostas para aquele momento tão difícil. Inúmeras vezes me peguei jogado na cama, aos prantos, dominado pelo sentimento de incapacidade. Eu fazia tudo direito e mesmo assim não conseguia me recuperar nem fazer a única coisa a que eu tinha devotado toda a minha vida.

O sonho de jogar na Europa tinha se tornado um pesado fardo, e a única solução era voltar ao Brasil e recomeçar minha história por aqui. O clube não permitia que eu me reabilitasse no meu país, e essa questão desgastava ainda mais minha relação com aquele povo.

Tive de me reconstruir por caminhos completamente diferentes daqueles que eu conhecia até então. Busquei, nos livros, distração e conhecimento; na pintura, o passatempo necessário para esquecer o joelho lesionado e a reabilitação que parecia não ter fim. Tornei-me mais humano, reconhecendo fraquezas, impossibilidades, sofrimentos e a necessidade de ter outras pessoas e outras coisas em minha vida além do futebol. Nunca pensei em parar de jogar, mas acreditei inúmeras vezes que não seria possível continuar. A dor e a falta de expectativa de sair daquela situação me corroíam por dentro. Minha ex-namorada Lígia foi quem conviveu comigo durante esse período e tornou-se minha confidente e meu porto seguro. Como psicóloga, me ajudou a enxergar possibilidades e a quebrar muitos preconceitos que eu tinha com relação à vida e aos sentimentos. Durante esse tempo, tive duas empregadas brasileiras que moraram comigo na França. Cida e dona Regina foram fundamentais para que eu continuasse lutando.

Aos 23 anos de idade, sentia-me como um aposentado, um ex-jogador frustrado que poderia ter tido algum sucesso se o joelho não me tivesse traído tão cedo. Naqueles momentos de angústia, prometia a mim mesmo que, se Deus, um dia, me permitisse voltar a jogar, faria aquilo por prazer, e não mais por obrigação ou medo. Senti na pele o gosto amargo da aposentadoria e jurei jamais senti-lo novamente. Quando a verdadeira aposentadoria chegasse, eu não me permitiria sentir aquele vazio de novo. O futebol faria falta, mas eu precisava aprender a ocupar e viver outros campos importantes da minha vida, como a relação pessoal com a família, a namorada e os amigos que estavam além-mar. Precisava de novos sonhos, de outros prazeres e da vontade de descobrir e realizar tudo o que tivesse vontade.

Enquanto isso, nossa "academia" continuava a toda. Elliot já havia nos deixado para ser contratado pelo clube alemão Schalke 04, por intermédio do Lincoln (meia, ex-Palmeiras) e do Bordon (ex-São Paulo), exatamente para suprir a mesma necessidade que tínhamos em Le Mans. Mais tarde ficamos sabendo que, assim como na França, inúmeros jogadores brasileiros se deslocavam por toda a Alemanha para encontrá-lo e pedir-lhe alguma orientação de tratamento.

Como havíamos perdido nossa revelação da fisioterapia para um clube que ofereceu um salário muito melhor, tratamos de procurar outra pessoa que pudesse continuar com aquele trabalho, tamanha a importância que ele tinha para o futuro de nossas carreiras. Até o fim dos meus três anos na França, passaram por lá outros três fisioterapeutas, que se revezavam de acordo com suas necessidades particulares no Brasil: Ricardo Vidal, Rômulo Frank e Rodrigo Iralah. Mais do que nossos doutores, eles se tornaram grandes amigos.

17

A volta ao Brasil: desafios e muitas alegrias

"**Atuei por 15** anos em grandes clubes europeus. Aprendi muito e cresci com essas experiências e oportunidades, porém jamais cortei as raízes com a minha terra e o meu povo, o que me levou a voltar ao Brasil e jogar no Corinthians em 2010. Foi uma grande alegria ver a evolução do nosso futebol e da estrutura dos clubes brasileiros. Guardo com enorme carinho as amizades que fiz nesse período."

Roberto Carlos, jogador de futebol, pentacampeão do mundo em 2002 com a Seleção Brasileira

Foi numa manhã de julho de 2009 que o empresário Hugo Garcia me ligou para dizer que o Corinthians havia demonstrado interesse em me contratar. Na verdade, eu não tinha levado aquela ligação muito a sério, pois já estava acostumado com pessoas fazendo propostas que nunca se concretizavam. Além disso, não via a menor possibilidade de o clube francês me liberar por empréstimo para que eu voltasse a jogar no Brasil, já que eu havia disputado praticamente todos os jogos do ano anterior e era um dos capitães da equipe — na França, os treinadores costumam escolher entre três e quatro jogadores para representar o grupo em situações importantes.

Mas o que aconteceu alguns dias depois daquela ligação foi algo que eu realmente não esperava. Recebi, em casa, o fax com uma carta de intenção do Corinthians, que demonstrava interesse em contar com o meu futebol, assinada pelo presidente do clube. O mundo parou. Fiquei olhando para o papel como uma criança que acabara de ganhar um presente. Li e reli inúmeras vezes, esfreguei os olhos com as mãos, dei mais uma olhada para ver se aquilo era realmente verdade. Sem controlar a euforia, liguei para meus pais no Brasil e pedi que abrissem o e-mail, pois tinha acabado de enviar-lhes um arquivo e precisava, urgentemente, contar-lhes um segredo.

A notícia foi recebida com festa por todos, e, até hoje, só lamento o fato de não ter visto a expressão no rosto do meu pai quando ele ficou sabendo do interesse corintiano em contratar seu filho. O “Véio”, como eu o chamo, é tão apaixonado pelo Timão, que em 1982, quando o Casagrande marcou o terceiro gol do Corinthians e decretou o título paulista na vitória sobre o São Paulo, ele, comemorando, quase pulou em cima do meu irmão recém-nascido que brincava no tapete da sala.

Depois da empolgação, começamos a discutir como convencer o clube francês a me emprestar gratuitamente, num ano em que eu seria uma das principais peças da equipe e com ainda mais dois anos de contrato para cumprir. A questão era complexa e de difícil solução, então combinamos conversar no dia seguinte para tentar resolvê-la. Mas, antes de desligar o telefone, pedi à minha mãe que enquadrasse e guardasse aquela carta, para que eu pudesse mostrar a todos que, mesmo se não desse certo, um dia eu havia recebido uma oferta do Corinthians.

Surpreendentemente, depois de um início de conversas muito difícil, as coisas começaram a caminhar, e os franceses se abriram à possibilidade de me emprestar ao time brasileiro. Um dos argumentos que usamos foi o de que eu poderia ter muito mais visibilidade jogando pelo Corinthians do que pelo Le Mans, já que o clube contava com Ronaldo Fenômeno em seu elenco e acabara de conquistar os títulos do Campeonato Paulista e da Copa do Brasil. Além disso, a saudade de casa, da família e do futebol brasileiro também foi um fator que me ajudou a convencer o presidente francês a pensar no assunto.

Do meu lado, o acordo com o Corinthians já estava definido e, apesar de eu saber que ganharia 30% menos de salário, estava disposto a assinar o contrato. Era o meu sonho de infância, e isso não tinha preço. Mas havia uma questão entre os clubes que emperrava a negociação. O time brasileiro queria um empréstimo gratuito enquanto o Le Mans, é claro, queria ser ressarcido de alguma maneira para me ceder por uma temporada. Enquanto as discussões aconteciam, eu treinava com a equipe, tentando focar na temporada 2009/2010, que se iniciaria em poucas semanas. Não sabia se o negócio daria certo, mas precisava estar em forma para qualquer situação.

Nosso último estágio de preparação foi em um hotel na Suíça, onde ficamos concentrados para treinar em dois períodos e focar na parte tática. Ao chegar do treino, no fim da tarde, o diretor Daniel Jeandupeaux pediu que eu fosse até seu quarto para conversar. Éramos muito próximos e sempre conversávamos sobre futebol, jogadores, treinamentos e contratações. Cheguei a frequentar sua casa para jantar com família e amigos e tinha um carinho e uma admiração especial por aquela pessoa. Mas dessa vez a conversa era outra, e ele começou dizendo que estava muito chateado com a minha atitude e não esperava que eu pedisse para ir embora do clube. Eu retruquei, dizendo que era um sonho de criança e que achava estar fazendo a coisa certa. Ele olhou bem em meus olhos e com certo desprezo disse que eu estaria autorizado a voltar ao Brasil para negociar o contrato de empréstimo com o Corinthians se abrisse mão da última parcela que eu tinha a receber da luva (algo em torno de 240 mil euros e que, por coincidência, deveria ser paga em cinco dias). Respondi que pensaria e fui para o meu quarto.

Esse meu sonho de infância começava a ficar caro demais, e me perguntava se realmente valia a pena. Mais uma vez, a corda estava estourando na ponta mais fraca, e, para realizar um sonho, eu teria de abrir mão de uma bela quantia em dinheiro. Será que eu era um péssimo negociador ou as coisas estavam fadadas a ser assim? Encarei a decisão, assim como havia feito por toda a vida, como mais um sacrifício para chegar aonde eu queria. E no fim estava feliz por saber que a escolha dependia única e exclusivamente de mim.

Liguei para o Hugo e contei toda a história. Comentei com ele que eu estava inclinado a deixar aquele dinheiro para trás, mas que não queria nunca mais voltar a Le Mans. Ele me pediu calma e disse que isso tudo fazia parte das negociações. Alguns minutos depois, me retornou, dizendo que havia falado com o Corinthians e que o presidente do clube não tinha aceitado pagar aquela diferença. No entanto, ele teve outra ideia e naquele mesmo dia Huguinho, que a partir de então passou a ser meu empresário, conseguiu convencer o Le Mans a adiar o pagamento da luva para o ano seguinte e colocou uma cláusula no contrato de empréstimo dizendo que, se eu não retornasse ao clube até 1º/7/2010, o clube não precisaria me pagar aquele valor. E, assim, me foi dado o sinal verde para viajar.

A felicidade era tanta que, em menos de dois dias, arrumei as malas, fechei as caixas, me despedi dos amigos e do clube e embarquei rumo à cidade de São Paulo.

18

Aqui é Corinthians

“**Chegar e jogar** em um clube grande é sempre um desafio. Chegar e jogar no Timão é emoção a cada partida. Uma torcida apaixonada que, quando canta, arrepia e que, quando pressiona, impressiona. E é exatamente isso que faz um grande jogador. Saber tirar tudo de letra. Sentir na pele a responsabilidade de ser os pés ou as mãos de toda uma nação. Afinal, todo mundo um dia se imagina jogando em um grande clube. Mas nem todos têm a oportunidade de jogar no Corinthians.”

Hortência, rainha do basquete feminino

No dia de assinar o contrato, cheguei ao Parque São Jorge com meu primo/advogado, aquele mesmo que esteve comigo no dia em que recusamos a proposta dos coreanos e na assinatura do contrato com o Atlético. Por termos chegado um pouco antes do previsto, aproveitamos a ocasião para visitar o Museu do Corinthians, na sede do clube. Ficamos encantados com toda aquela grandeza, os vídeos, as camisas, os troféus e as lembranças de jogadores e dirigentes que marcaram seus nomes para sempre na história. Ao pensar que eu também poderia fazer parte daquilo, tive certeza de que tudo tinha valido a pena: cada treino, cada sacrifício e cada escolha que havia feito nos últimos 12 anos.

Ao sair do museu, subimos ao quinto andar do prédio, rumo à sala do presidente Andrés Sanchez. Lá dentro, sentado na cadeira e atrás de uma mesa repleta de papéis e telefones, estava ele, envolto numa nuvem de fumaça, fumando seu cigarro. Com o rosto vermelho e a voz meio rouca, pediu que nos aproximássemos e perguntou se queríamos que ele apagasse o cigarro, já soltando o primeiro de muitos palavrões daquela reunião. Antes que pudesse responder, ele me olhou de cima a baixo e já passou um recado:

— Esse cabelo grande aí não dá, não, hein? Aqui é Corinthians, não é bambi.

Depois disso falou sobre o clube, seus feitos e sonhos, mencionou as receitas, as dívidas e o projeto que ele tinha até o final da sua gestão. Disse ainda que eu fora contratado em um momento importante da história do clube e me confidenciou o que fazer para cair nas graças da torcida corintiana.

— Eles não querem ver o time jogar bonito, tocar de calcanhar... Eles não ligam se vocês perderem a partida. O que eles querem ver é o jogador se entregar, se doar e representar o povo ali dentro das quatro linhas. Se você fizer isso, terá vida longa aqui.

Contrato assinado, desci ao departamento de futebol para conhecer o treinador, Mano Menezes, que foi quem avalizou minha contratação. Uma conversa rápida para falar em que estágio da preparação física eu me encontrava e pronto, estava liberado. Mario Gobbi, diretor de futebol na época, me chamou em sua sala para uma breve conversa, antes de irmos juntos à sala de imprensa do clube para a apresentação oficial. Ao ver o número de repórteres, câmeras e flashes, lembrei-me de algo que o treinador Carlos Alberto Parreira disse certa vez em entrevista:

— Desse jeito aqui, só a Seleção Brasileira.

Foi só quando cheguei em casa que a ficha caiu. O telefone não parava de tocar. Depois da minha apresentação, eu já era mais conhecido do que em todos os outros dez anos que tinha jogado futebol. Amigos do país inteiro me parabenizavam e me desejavam sorte, ao mesmo tempo que me pediam para aproveitar aquela incrível oportunidade de jogar no Corinthians. Também pudera, o time acabara de ser Campeão Paulista e da Copa do Brasil. Ronaldo Fenômeno era a estrela do clube e acabara de consagrar seu retorno ao futebol brasileiro fazendo gols incríveis nos jogos decisivos.

Eu estava em êxtase. Não bastasse fazer parte da equipe do

Corinthians, ainda estava ao lado do melhor jogador que pude ver em toda a minha vida. Nem nos melhores sonhos eu chegaria a vislumbrar uma oportunidade dessas. Agora só dependia de mim, e o objetivo era trabalhar e conquistar um espaço nesse time que tinha na defesa, com William e Chicão, seu ponto forte.

Fui convocado pela primeira vez para um jogo oficial no dia 19 de agosto de 2009, véspera do meu aniversário de 26 anos. A partida era em Porto Alegre, contra o Internacional. Comecei no banco de reservas, observando cada detalhe do jogo e me acostumando aos gritos e às ordens do treinador para meus companheiros dentro de campo. No intervalo da partida, o Mano me chamou num canto e pediu que eu acelerasse o aquecimento, pois, se suas instruções não surtissem efeito, ele me colocaria muito em breve.

Subi agitado para o segundo tempo, com o coração acelerado, e fui direto para trás do gol fazer meu aquecimento. Depois de uns dez minutos do segundo tempo, vi o Mano sinalizando em minha direção e comecei a correr até ele. O coração quase saiu pela boca, pois corri quase 50 metros em alta velocidade, tamanha a vontade de entrar naquela partida. Ele me passou algumas instruções, e fui para a linha lateral ao lado do árbitro assistente. A bola demorou a sair de jogo para que eu pudesse entrar. Aproveitei para visualizar toda a minha carreira, a minha família e agradeci a Deus pela oportunidade de estar ali. Foram emocionantes aqueles segundos, até que um frio na espinha me dominou, me levando de volta à concentração do jogo e à responsabilidade de não falhar. Entrei no campo e já fui logo percebendo que eu ainda não estava adaptado ao estilo de jogo brasileiro. Alguns erros de posicionamento foram superados por muita vontade, e no fim, com um gol do Jorge Henrique, vencemos o Inter por 2 × 1, o que considero, até hoje, o melhor presente de aniversário que ganhei na vida.

19

Bastidores da bola

"**Conviver em grupo** é um grande mistério. Às vezes, dividir diariamente o espaço com quem amamos não é fácil. Imagine passar mais tempo com companheiros do que com a família? Eu vivo de contar histórias sobre o mundo da bola. Poder ler sobre esse mundo, com a visão de um jogador, é um grande prazer."

Bruno Laurence, jornalista esportivo

Aquilo de que mais senti falta no período em que estive na França, encontrei de sobra no Corinthians: alegria para jogar futebol, especialmente no trabalho do dia a dia e no relacionamento com os companheiros. A mistura de pessoas de 18 a 36 anos, oriundas de lugares diferentes, com culturas, gostos, expectativas e histórias muito distintas, acaba sendo uma injeção de ânimo capaz de aliviar qualquer estresse causado pelas cobranças e pelas pressões da vida de atleta. No futebol existe uma expressão que diz que o "vestiário do time X é bom". Isso quer dizer que nesse grupo não há vaidades, egoísmos, e todos caminham para o mesmo lado, independentemente das diferenças pessoais que possam existir na equipe. Quando focamos no objetivo final, o respeito e a necessidade de se ajudar superam todas as coisas. E foi aqui no Corinthians que entendi a importância disso.

Logo que cheguei, me identifiquei com o William Machado e o Edu Gaspar, que eram, alternadamente, meus parceiros de concentração. Como concentrávamos dois em cada quarto, um dos três vinha ao encontro dos outros dois para conversar. Falávamos sobre qualquer coisa. Passado, presente e futuro, família, futebol, fofoca, histórias engraçadas ou dramas, investimentos e livros. Tudo era motivo para ficar ali batendo papo. Descobri que ambos possuíam uma visão muito parecida com a que cultivei ao longo de toda a minha vida. Por isso, "roubei" muita experiência e dividi histórias com o Capita e com o Lord Inglês, que me fizeram crescer muito como atleta e como pessoa. O William era o mais velho, com uma personalidade muito forte, e tinha conquistado o respeito e a admiração de todos no clube por seus bons julgamentos e suas atitudes positivas. Ele costumava me chamar de pupilo e dizia a todo mundo que estava me preparando para assumir seu lugar quando se aposentasse. Eu retrucava, em forma de brincadeira, que eu era a evolução da espécie. Já o Edu se encontrava em período de readaptação ao futebol e à vida no Brasil. Trazia consigo inúmeros títulos importantes e quase dez anos vivendo na Europa. Dava muita importância à família, era empreendedor e já se preparava para a vida pós-carreira de futebol.

Além deles, desde a minha chegada, me aproximei bastante do Souza e do Marcelo Mattos, cada um com seu jeito distinto. O Souza é um carioca maluco, do morro mesmo, cheio de gírias e de se achar malandrão. O apelido dele por aqui era "Caveirão", não sei se por causa do Bope ou da magreza. Ele sempre ganhava as discussões no grito e na pressão. Xingava e ameaçava qualquer um o tempo todo, mas tinha um coração do tamanho do mundo. Sempre falava com a garotada e protegia os mais novos dos abusos dos mais velhos. Vivia no meio de "confusões e gritarias" tanto no vestiário como nas concentrações e era bem quisto por todos. O Marcelo Mattos era pacato, não incomodava ninguém. Isso só até a hora do treino começar, quando virava um leão de chácara e descia o pé em todo mundo. Independentemente de quem estava em campo, ele não se importava, dividia e "chegava junto" mesmo. Exigia dos companheiros que não estavam na mesma "pegada" e deixava muita gente brava pelo "excesso de disposição". Nós nos aproximamos porque costumávamos chegar bem mais cedo que os outros para trabalhar. Tanto na musculação como na fisioterapia, todos os dias estávamos lá, uma hora antes do previsto. Ele adorava brincar comigo, dizendo que eu queria virar bailarino de tanto que alongava.

Outro que tive o prazer de conhecer nesse período foi o Iarley. Na pré-temporada de 2010, dividi o quarto com ele por 25 dias. O "Véio", como era carinhosamente chamado pelos colegas de time, tinha manias inconfundíveis e não se importava com o que pensávamos delas. Na primeira noite em Itu, por exemplo, apaguei a luz do quarto e dormi. Às seis horas da manhã, escutei o barulho da porta abrindo e avistei um colchão entrando. Depois que metade do colchão passou, vejo o "cabeçudo" do Iarley, carregando aquele trambolho e dizendo que estava muito quente ali dentro e, por isso, tinha resolvido dormir do lado de fora do quarto. Mas nada superava seu ritual para os jogos. Nos dias das partidas, ele descia para a academia do hotel onde concentrávamos, pedalava por 20 minutos, fazia uns exercícios, alongava e, em seguida, ia para a sauna. Não adiantava alertar que a sauna antes do jogo faria mal, porque o "véio cabeçudo" dizia que assim se sentia mais leve para jogar. Aos 36 anos, não valia a pena insistir, ninguém o faria mudar de ideia. Apesar disso, era um atleta exemplar, que amava o que fazia e treinava mais que todo mundo. Entendia muito de futebol e adorava colocar suas ideias para ajudar a equipe ou os companheiros. Mesmo com a idade avançada, era o centro das brincadeiras e adorado por todos.

Uma das pessoas de quem mais me aproximei foi o Ronaldo. O Fenômeno era muito perspicaz, sempre ligado em tudo o que estava acontecendo. Não perdia uma piada e tirava sarro de todos, o tempo todo. Adorava mostrar sua inteligência encaixando suas tiradas com humor negro e, quando alguém não entendia, era ainda pior. Competitivo ao extremo, sempre queria provar que sabia mais do que a gente sobre qualquer assunto. Nas longas concentrações em

Itu, jogamos algumas vezes tênis e pôquer. Ele adorava apostar, e, em uma dessas partidas de tênis, combinamos que no meu lado da quadra valeria a linha de duplas e no dele, só a de simples. Além disso, para ganhar o jantar da aposta, ele só precisaria fazer um game, e eu teria de fazer seis. Antes de começar o jogo, o fisiologista do clube, Antônio Carlos Gomes, pediu que ele colocasse o frequencímetro (que mede os batimentos cardíacos) para ver seu desgaste durante o "treino". Ganhei a partida por 6 × 0, e o Ronaldo saiu morto da quadra. Ao final do jogo, o preparador físico, Eduardo Silva, veio me agradecer porque havia sido a primeira vez que, em um treino no Corinthians, o coração do Ronaldo tinha batido a mais de 180 bpm (batimentos por minuto).

No pôquer era mais difícil batê-lo. Ele jogava bem e sabia o que estava fazendo. No fim das contas, era só uma desculpa para reunir o pessoal e falar de tudo um pouco. Eram momentos divertidos de que participavam também Iarley, Edu, William, Julio Cesar, Dentinho, Defederico e Elias. Enquanto Ronaldo tirava sarro do Julio Cesar e do Dentinho, nós brincávamos que as jogadas do Fenômeno eram previsíveis, e ele era fácil de ser lido. Isso o deixava revoltado e o fazia apostar suas fichas de uma só vez, tentando pressionar psicologicamente os adversários. Posso dizer que esse seu desespero sempre nos favoreceu.

O Ronaldo costumava se concentrar sozinho, e eu, sempre que podia, passava em seu quarto para conversar. Quando não havia ninguém por perto, ele mudava, ficava mais sério, falava sobre sua vida, seus sentimentos e seus planos para o futuro. Pena que esses momentos eram raros, e, se a conversa não fluísse, ele logo se distraía com um de seus dois computadores, que ficavam ligados em cima da mesa. Era hora de sair e deixá-lo lá.

20

Jogando com um Fenômeno

“Narrar gols de um dos maiores atacantes da história já tinha sido um privilégio. Mas numa tarde de terça-feira me vi ao lado dele, transmitindo Barcelona × Real Madrid na TV Globo. E Ronaldo, humildemente, elogiando meus bordões, rindo das minhas brincadeiras. Até parecia que o Fenômeno era eu.”

Milton Leite, jornalista e narrador esportivo

Muitas pessoas me perguntam como foi jogar ao lado do Ronaldo, e até hoje é um pouco difícil explicar. O apelido Fenômeno descreve bem o que esse jogador ainda representa para o mundo. Dos quase dois anos que jogamos juntos, escolhi um momento (de muitos) que demonstra a grandeza desse excepcional atleta.

No dia 13 de novembro de 2010, o Pacaembu estava lotado, e a nação corintiana tomava conta das arquibancadas, em um jogo que poderia decidir quem continuaria vivo na briga pelo título brasileiro. Corinthians e Cruzeiro, segundo e terceiro colocados respectivamente, jogavam pela 35ª rodada. Uma partida tensa, nervosa, de muita marcação e poucas oportunidades de gol. Tudo levava a crer que o duelo terminaria em 0 × 0, resultado que faria o Fluminense disparar na liderança, rumo ao título do Brasileirão.

Aos 45 minutos do segundo tempo, quando ninguém acreditava em mais nada, num cruzamento despretensioso do Jorge Henrique, Ronaldo salta dentro da área para matar a bola no peito, com sua frieza tradicional, e é atropelado pelo zagueiro cruzeirense, que pensou que o Fenômeno tentaria o golpe de cabeça, direto em direção ao gol. O juiz aponta a marca da cal, assopra o apito e determina a penalidade máxima. Jogadores do Cruzeiro vão para cima do árbitro com empurrões e xingamentos, dizendo que o Corinthians estaria sendo favorecido e que o futuro campeão já estaria definido nos bastidores.

Quase que simultaneamente olhei para os jogadores do Corinthians, que se perguntavam quem assumiria aquela responsabilidade. Sem dúvida nos veio à mente a lembrança de que, naquele ano, já havíamos perdido quatro pênaltis em jogos importantes com três batedores diferentes. Esses erros tinham resultado em uma meia dúzia de pontos a menos na classificação e acabado com a chance de já termos decidido aquele título por antecipação. Por isso, ninguém queria bater.

Alheio a tudo isso, no meio da grande área e com a bola na mão, o Fenômeno estava em seu *habitat*, de frente para o gol, pronto para cobrar o pênalti e decidir o jogo. Ao perceber isso, imaginamos o desfecho ideal para alguém que se acostumou a definir jogos importantes e a assumir grandes responsabilidades. Ninguém mais perfeito que ele para liquidar o "problema" (um pênalti a favor) com tamanha eficácia. Naquele momento me passou pela cabeça os três gols de pênalti que ele havia feito em um mesmo jogo contra a Argentina pelas eliminatórias da Copa do Mundo. Se ele havia feito três contra a Argentina, não seria agora que nos decepcionaria.

Ronaldo ajeitou a bola, tomou distância. Mãos na cintura aguardando o apito do juiz. O Pacaembu calado, olhos fixos no Fenômeno, corações esperançosos e o grito entalado na garganta da Fiel.

Ele começou andando em direção à bola, aumentou um pouco a passada até chegar a seu encontro e tocou-a com o pé direito, sem muita força, em direção ao canto esquerdo do goleiro. Este já tinha se atirado com toda a força para o lado direito e só teve tempo de virar o pescoço e se lamentar ao ver o desfecho da cobrança. Goleiro de um lado, bola do outro. Explosão nas arquibancadas, alívio dos torcedores e dos jogadores, o Corinthians continuava vivo na briga pelo título brasileiro.

Após esse momento mágico de alegria, automaticamente pensei em como aquele cara conseguia ser tão frio e eficiente. Parecia que ele estava no campinho de terra ao lado de sua casa, durante a infância, sacaneando os goleiros que tentavam pegar seus chutes. Parecia que, na cabeça dele, não havia ninguém assistindo ao jogo. Era só ele, a bola e o gol. Será que o Ronaldo percebeu que tinha um goleiro debaixo dos três paus?

Seu movimento e seu gol foram de uma simplicidade tão absurdas que ninguém, ao final do jogo, mencionou ou questionou a pressão que ele deveria estar sofrendo diante de milhões de torcedores em todo o país. Ao sair de campo, Ronaldo deu várias entrevistas, mas não tocou no assunto, como se fosse uma obrigação não errar e não sentir o peso da responsabilidade.

Os repórteres, por acreditarem estar diante de um fenômeno sobrenatural, um ser de outro planeta que vinha nos encantando nos últimos 15 anos, nem ousaram perguntar o que havia passado pela sua cabeça durante aqueles três minutos entre a marcação do pênalti e sua conclusão. Eu, com essa mania de querer racionalizar tudo, esperei a empolgação da vitória passar dentro do vestiário, formulei minha pergunta e fui até ele. Ao chegar, parabenizei-o pelo gol e perguntei como ele tinha batido o pênalti com tanta tranquilidade. Ele olhou para mim, olhou em volta, como se quisesse me contar um segredo que ninguém poderia escutar, e disse:

— Eu ia bater no outro canto e resolvi mudar em cima da hora. Na verdade, pensei em mudar umas três vezes antes de bater. Nunca tinha sentido tanta pressão em minha vida, nem na Copa do Mundo. Meu corpo inteiro tremia. Ainda bem que mudei o lado da batida, senão o goleiro ia pegar a bola.

Olhei em volta, ninguém tinha escutado aquilo, nenhuma testemunha para atestar o que eu tinha ouvido e que mostrava que o cara também tinha medo. Ele não era tão diferente da gente assim. A única diferença que o fez melhor — muito melhor, aliás — é que ele aprendeu a lidar e controlar esses sentimentos que tanto nos atrapalham nos momentos de decisão.

21

Vida na concentração

“**Pegue 22 espécimes,** coloque-os numa jaula em algum hotel de luxo. Dê comida de quatro a cinco vezes ao dia, controle os horários. Se quiserem dormir, tudo bem. Ah, importante: não deixe nenhuma fêmea se misturar ao bando, caso contrário pode haver uma explosão demográfica em nove meses e prejudicar o ecossistema. Durante a noite, mantenha turnos de vigia, já que eles vão tentar fugir. No dia seguinte, coloque o rebanho num ônibus e leve à arena, sem garantia nenhuma de que vai dar tudo certo. Não estamos falando de rodeio, nem de feira de gado. É a concentração de futebol, e ela está beirando absurdos sete meses por ano. Dá para criar um monte de coisa em cativeiro, mas talento não é uma delas. Abaixo a concentração.”

Tiago Leifert, apresentador e jornalista esportivo

O que você faria se tivesse de ficar 120 dias por ano dentro de um quarto de hotel? Esse é o número médio de dias que um time de futebol brasileiro que joga 60 partidas na temporada fica concentrado. Se contarmos pré-temporadas, intertemporadas e concentrações duplas (com dois dias de antecedência da data do jogo), o número chega a 150 dias, ou 5 meses, dormindo ao lado de um companheiro de equipe. O que quero dizer é que passamos muito mais tempo enclausurados nos quartos do que em casa, com nossas famílias. Aliás, passamos mais tempo enfurnados num hotel do que num campo de treinamento. E acho que é hora de rever esse conceito.

Eu sei que, para a maioria das pessoas, ficar em um hotel lembra férias e curtição. Estar cada fim de semana em uma cidade do país, viajando, comendo bem e jogando bola, seria um sonho para qualquer trabalhador comum. Mas posso afirmar que a realidade dos jogadores não é bem essa e por esse motivo resolvi escrever sobre o tema. Não para frustrar sua imaginação, mas para desvendar inúmeras lendas que foram espalhadas por aí sobre o que supostamente se passa em uma concentração de boleiros.

Infelizmente, para nós, atletas, que a vivenciamos toda semana, ela não tem histórias emocionantes de fugas, jogatinas (em que se apostam fortunas), bebedeiras e orgias (com marias-chuteira que ficam no saguão do hotel) como contam por aí. Salvo raríssimas exceções, especialmente no passado, as coisas são bem mais calmas do que dizem.

Aeroporto, ônibus, hotel. Chegando ao hotel, subimos ao "nosso" andar, escoltados pelos seguranças que impedem qualquer contato com o "mundo exterior". Lá em cima, os atletas são direcionados, dois a dois, aos quartos em que se hospedarão. De lá, só saímos para almoçar e jantar, o que normalmente acontece numa sala reservada, por conta da alimentação específica — orientada pela nutricionista — e para evitar contato com outros hóspedes, que poderiam incomodar as "estrelas" com pedidos de fotos e autógrafos. Por esse motivo, as outras três refeições que fazemos (café da manhã, da tarde e da noite) acontecem no próprio andar dos quartos, para facilitar a logística da operação.

Além das refeições, temos costumeiramente duas palestras feitas pelo treinador. Uma acontece no sábado à noite e a outra no domingo antes do jogo. Nelas são passados vídeos sobre os adversários, nossos erros, acertos, possibilidades táticas e discursos motivacionais para que a equipe entre em campo preparada para a partida.

Os horários para as refeições e as palestras são religiosamente respeitados, e, para garanti-los, os seguranças do clube se revezam e ficam 24 horas por dia no "nosso" andar, avisando sobre as atividades e os horários. Aproveitam para fiscalizar tudo o que possa estar acontecendo de diferente por ali. São vigias e, por incrível que pareça, quando se quer receber alguém no lobby do hotel (porque no andar é proibido até mesmo para a família), um dos seguranças é obrigado a descer junto para que nada de errado aconteça.

Por tudo isso, fica claro que 90% do tempo na concentração

se passa dentro do quarto. E, como não existem muitas atividades que possam ser feitas naquele espaço, somos obrigados a escolher uma das opções disponíveis para nos distrair por lá:

1. Dormir
2. Conversar
3. Ficar na internet
4. Ler um livro
5. Utilizar a tevê (filme, seriado, videogame)
6. Jogar baralho
7. Ouvir música
8. Falar ao telefone

Olhando assim ainda parecem férias e lazer, mas, quando chegamos ao meio do ano, já não há filmes que não tenhamos visto, não há conversas com o companheiro de quarto que já não tenham sido discutidas, não há Twitter, Messenger, Facebook ou internet que distraiam. Jogos de baralho são uma raridade, ao menos nos clubes pelos quais passei. É difícil juntar mais de quatro ou cinco atletas para jogar, pois cada um tem seu ritual para matar o tempo e se preparar para a partida.

Por falar nisso, já concentrei com um monte de gente, e cada um tem um estilo próprio. Uns conseguem deixar a TV ligada enquanto escutam música no iPod e navegam na internet. Normalmente isso acontece bem na hora que você quer dormir (e vice-versa). Outros dormem até o meio-dia quando você decide acordar cedo para resolver problemas pelo telefone. A solução, depois de anos nessa vida, é respeitar o companheiro e esperar o tempo passar ou sair do quarto e fazer tudo no corredor. Outra coisa que incomoda é aguentar a famosa DR (discussão de relacionamento) do companheiro de quarto com a namorada ou a esposa em pleno sábado à noite pelo telefone. Mesmo sem querer, você acaba se inteirando do assunto e chega até a palpitar no relacionamento alheio. Mas não há parceria que resista aos toques do rádio e do telefone que o acordam assustado às duas horas da manhã porque o colega esqueceu de colocar os aparelhos no modo silencioso. Ou seja, essas e muitas diferenças culturais e de gosto surgem quando você concentra com um colega de profissão.

Então imagine esse período de 150 dias multiplicado pelo tempo de carreira de um atleta, que gira em torno de 15 anos. São 2.250 dias, praticamente cinco anos de concentração. É uma loucura ficar tanto tempo "preso" sem fazer nada, longe da família, dos filhos e dos amigos.

Não estou reclamando da profissão que escolhi, pois ganho muito bem para abrir mão de algumas coisas por um período, até poder desfrutá-las melhor no futuro. Nada nessa vida se conquista sem sacrifício, e atletas costumam ser exemplos disso para a sociedade. Eu particularmente sei da importância do meu corpo, do descanso e da alimentação para o meu desempenho dentro de campo, mas confesso que muitos jogadores ainda não entenderam isso. Mesmo assim, a questão que levanto é: será que é necessário e faz tanta diferença se concentrar por todo esse tempo? Será que não é por isso que, quando estão livres, os jogadores acabam extravasando de maneiras distintas e nem sempre tão corretas?

A resposta passa por uma constatação: jovens entre 18 e 30 anos com uma boa condição financeira estão curtindo a vida, se divertindo em festas, viagens e fins de semana na praia ou na chácara. Frequentam aniversários e casamentos (perdi as contas de eventos importantes de que não participei) às sextas e aos sábados à noite e ainda podem brincar com os filhos e os sobrinhos aos domingos. Eu me pergunto: se estivessem enfiados em um quarto de hotel todos os fins de semana durante 15 anos, será que nos seus dias de folga não gostariam de fazer tudo isso de uma só vez? Pois é, é a mesma vontade que os atletas têm, assim como qualquer ser humano normal.

Quero deixar claro que não sou contra a concentração, mas contra a elevada quantidade de dias a que somos submetidos. Talvez porque ainda tenha dúvidas com relação à verdadeira motivação dos clubes e dos treinadores que optam por esse tipo de tática para justificar bons ou maus desempenhos dentro de campo. Questiono a privação à liberdade e as dúvidas em relação à maturidade e ao profissionalismo dos atletas brasileiros. Não foram os próprios clubes que nos formaram?

Se você priva qualquer pessoa de fazer escolhas na tentativa de impedir erros banais (excessos do boleiro tradicional), acaba atrapalhando a capacitação e a evolução necessárias ao indivíduo como um todo. É por isso que o jogador brasileiro muitas vezes não amadurece e se torna dependente de empresários, treinadores e clubes e acaba não se adaptando ao futebol europeu ou à vida pós-carreira. E é esse erro que vem se repetindo nos últimos anos no futebol brasileiro e permeia, como praga, as categorias de base dos times do país do futebol.

Quando joguei na Europa, a regra era clara: se o jogo fosse a mais de duas horas de voo da nossa cidade, voávamos no dia anterior e dormíamos no hotel, numa demonstração evidente de cuidado com o descanso e a adaptação pós-viagem. Nos outros casos, partíamos na manhã dos jogos, almoçávamos e descansávamos até a hora da partida. Para todos os confrontos dentro de casa, não havia concentração. O encontro da delegação era realizado no hotel na hora do almoço ou direto no estádio, e isso não alterava em nada a performance dos atletas profissionais.

Para ilustrar esse fato, tivemos um exemplo grandioso da melhor equipe do mundo na atualidade — o F.C. Barcelona da Espanha —, que, antes da decisão do Copa do Mundo de Clubes da Fifa contra o Santos, permitiu que seus jogadores ficassem com a família, saíssem para jantar ou andar no shopping ou fizessem o que bem entendessem na véspera do duelo decisivo. O mais intrigante para os brasileiros foi ver o Daniel Alves (lateral-direito do Barcelona) visitar o hotel da equipe santista para rever amigos e matar saudades na véspera da partida. Esqueça a diferença técnica e tática das duas equipes: quem será que estava mais à vontade para jogar no dia seguinte? A pergunta que você deve estar se fazendo é: estamos preparados para isso no Brasil?

Acho que sim, apesar de saber que teremos alguns problemas no início, assim como em qualquer mudança radical que venhamos a fazer na vida. Mas, se esse princípio for aplicado nas categorias de base, e conseguirmos passar as informações necessárias da importância do descanso e da alimentação aos jovens, chegaremos, já na próxima geração de jogadores, preparados para esse desafio. Quanto aos dias de hoje, a lei da sobrevivência fará com que os melhores e os mais profissionais permaneçam, enquanto os não profissionais serão rejeitados pelo próprio meio. Exatamente como aconteceu com atletas que não se importavam com o condicionamento físico há 15 ou 20 anos. Hoje nem ouvimos falar desse tipo de problema, pois é impossível jogar sem esse atributo. É um voto de confiança que faço com conhecimento de causa e espero que consiga ver resultados antes de encerrar a carreira.

22

2011

"**Percebi** durante a minha carreira de jogador o quanto é grandioso passar por todas as dificuldades de nossa profissão e seguir sereno, confiante. Conseguir passar dignamente por cima da pressão da torcida, de lesões, das críticas e das derrotas nos faz crescer como atleta e como homem. Quando cruzei a linha de jogador para dirigente, tentei passar isso para meus ex-colegas e espero que tenha conseguido auxiliá-los em meu primeiro ano fora das quatro linhas."

Edu Gaspar, ex-jogador e atual gerente de futebol do Corinthians

O ano começou conturbado com a vergonhosa derrota e desclassificação na pré-Libertadores para o Tolima, da Colômbia. O sonho de conquistar a América mais uma vez virava pó, e a consequência disso foi imediata. Reação da torcida, protestos, pedidos de mudança, medo e desespero por parte dos atletas, que reconheciam ter escrito uma das piores páginas da história do Timão. A bola de neve não parou por aí. Roberto Carlos e Jucilei deixaram o clube. Bruno César e Dentinho também foram negociados e se transfeririam no meio do ano. Ronaldo Fenômeno se aposentou de forma triste, e uma equipe completamente diferente da planejada teve de assumir o pesado fardo de recolocar o Corinthians de volta no caminho das vitórias. Nosso principal objetivo na temporada passou a ser recolocar a equipe na Copa Libertadores do ano seguinte.

A diretoria conseguiu, sob pressão ferrenha, segurar o técnico Tite. Blindou os jogadores para que tivessem tranquilidade e apostou em atletas do próprio elenco, como Paulinho e Leandro Castán. Dos reforços, Fábio Santos e Willian surgiam como opções, e Liédson era o salvador da pátria. Estávamos no mês de fevereiro, e todos diziam que o ano havia acabado para o Corinthians.

Nosso time já não tinha mais tantas estrelas, era um grupo de operários que teria de enfrentar a fúria da própria torcida e recomeçar a construir seu caminho do ponto inicial. Eu, que tentava desesperadamente voltar a jogar após passar por uma cirurgia no joelho esquerdo, não tive tempo de me reabilitar e acabei ficando fora nos três primeiros meses do ano. Não bastassem os sentimentos de tristeza pela desclassificação e de impotência por não poder ajudar, eu estava perdendo a chance de entrar na vaga deixada pelo William Capita, que, como previsto, havia se aposentado. Quem agarrou a oportunidade foi o Leandro Castán, que assumiu o lugar de titular com propriedade.

Quando voltei a treinar, a equipe, apesar de pressionada, já ocupava a primeira colocação do campeonato estadual. A dificuldade, a dor e o medo haviam feito com que ela se tornasse mais rígida, pouco maleável, porém quase intransponível. As equipes que nos enfrentavam sentiam bater num muro de pedra e reconheciam que teriam de se desdobrar para nos vencer. O grupo de jogadores sabia o que queria e conseguiu reconquistar a confiança do seu torcedor, mesmo sem apresentar um futebol brilhante.

Tive a chance de jogar a última rodada da primeira fase do Paulistão, contra o Santo André. O treinador Tite resolveu escalar a equipe reserva para dar ritmo de jogo àqueles que não vinham atuando. No meu caso, eu estava há mais de seis meses parado e fiquei feliz com a oportunidade. Não foi um jogo tão difícil, e acabamos vencendo por 2 × 0 com um gol meu, de cabeça, no primeiro tempo. Fui para a entrevista coletiva após o jogo, e os repórteres perguntavam se eu estava pronto para ser titular. A resposta foi padrão:

— Isso é com o treinador, fiz a minha parte e quero jogar, mas respeito quem vem atuando. Se precisarem de mim, sabem que podem contar.

Lógico que seria difícil conquistar a vaga depois de apenas

uma partida, mas, mesmo assim, aguardei ansioso o treino coletivo de quinta-feira — que normalmente define os 11 titulares que jogarão no fim de semana. Era a reta final do campeonato, e, por sorte, eu estava voltando no melhor momento possível. Enfrentaríamos o Oeste de Itápolis, em partida única, pelas quartas de final da competição, e, por não ser um jogo tão difícil, acreditei que talvez pudesse ganhar de presente mais uma partida para pegar ritmo de jogo.

Esforcei-me durante a semana, mas o coletivo não trouxe surpresas. O treinador manteve a equipe base que jogara durante todo o torneio. Até aí, tudo bem. Nada mais justo com aqueles que vinham fazendo um bom trabalho. O problema foi quando cheguei ao vestiário e vi a lista de convocados para o jogo. Eram 20 nomes, e o meu não estava lá. Fiquei sem chão, me senti envergonhado por não fazer parte do grupo. Peguei minhas coisas e fui embora, sem falar com ninguém.

A equipe venceu por 2 × 1 e passou de fase. Agora enfrentaria o arquirrival Palmeiras na semifinal. Mais uma vez, eu não fora relacionado para o jogo. Sentimento de impotência, de incompreensão. Meu rendimento nos treinos começava a cair porque, sem enxergar a possibilidade de jogar ou de ser útil à equipe, não conseguia me motivar. Nesses momentos, dezenas de coisas passam pela cabeça, e o mais complicado de tudo é gerenciar o grande número de pessoas próximas tentando endemoniar a relação com o clube e com o treinador. "Amigos" diziam que eu poderia ser titular em outra equipe, ofereciam times e pediam para que eu reclamasse abertamente. Mas eu, apesar de chateado e inseguro, reconhecia o bom trabalho dos meus companheiros e, honestamente, percebia que naquele momento não havia espaço para mudanças. Se não tivesse esse entendimento, teria caído na armadilha.

Resolvi naquela semana conversar com o Tite e fui até sua sala esclarecer algumas questões. Sentia-me maduro o suficiente para ter um diálogo franco com o meu treinador e resolver o problema ali, antes que virasse uma bola de neve. Ele abriu a conversa:

— Tu tens muitas qualidades, és um zagueiro que tomas a melhor decisão e tens liderança; digo mais, se o ano estivesse começando, sabes que serias titular.

Eu balancei a cabeça e respondi que entendia a difícil situação em que ele se encontrava. Não queria pressioná-lo, mas estava difícil trabalhar com afinco sem poder vislumbrar, nos treinamentos, uma possibilidade de ganhar uma vaguinha no banco ou no time titular. E ainda completei:

— Eu sei que a motivação e a vontade de vencer vêm de dentro de mim, e os fatores externos até podem, mas não devem, influenciar minha vontade de conquistar meus objetivos. Mesmo assim, é difícil me motivar sabendo que o treino não vale nada.

Ele entendeu o que eu quis dizer e fez a única coisa que podia naquele momento: pediu para que eu continuasse trabalhando e prometeu me dar mais chances no Brasileirão.

No fim de semana, torci de casa, acompanhando aquele clássico sofrido que culminou numa incrível decisão por pênaltis. O Corinthians e seus guerreiros se superaram mais uma vez e bateram a equipe mandante, que havia colocado mais de 30 mil palestrinos no Pacaembu. Parecia um filme dramático, em que um grupo de pessoas desacreditadas saía de um ônibus apedrejado por sua própria torcida e se colocava, em menos de três meses, na disputa da grande final do campeonato estadual. O problema é que esse jogo seria contra o time sensação do Brasil, o Santos de Neymar Júnior e Ganso.

Empatamos a primeira partida em casa por 0 × 0 e não conseguimos abrir vantagem para o segundo jogo, que seria disputado na Vila Belmiro. Nós nos reapresentamos na terça-feira e iniciamos a preparação para o duelo decisivo que aconteceria no domingo. A semana que antecede uma decisão é tensa, cheia de detalhes táticos e emocionais que acabam sendo estudados e trabalhados à exaustão. Ninguém quer, depois de todo o trabalho, perder o título por uma falha ou uma omissão. Mas, no fundo, o segredo é não mudar nada do que já vem sendo feito e, para isso, reconhecer que o que nos levou até aquela condição é o que melhor temos a oferecer.

Na quarta-feira, o Tite me chamou em sua sala. Explicou que, mais uma vez, eu não seria relacionado para ficar no banco de reservas. Porém, ele gostaria que eu acompanhasse o grupo na concentração e na viagem a Santos. A ideia era que eu e outros atletas que ficariam de fora ajudássemos e apoiássemos o grupo naquele momento importante. Aceitei ficar dois dias concentrado mesmo sabendo que não jogaria.

Sem a pressão e a responsabilidade de jogar, resolvi levar minha filmadora e gravar os bastidores daqueles dias que antecederam a decisão. Quando não estava filmando, conversava com o pessoal, assistia às palhaçadas do Liédson e do Dentinho ou me trancava no quarto para escrever trechos deste livro. Infelizmente, naquele domingo, perdemos a partida por 2 × 1 e tivemos de nos contentar com o vice-Campeonato Paulista.

Na semana seguinte, estávamos em Porto Alegre para a estreia do Campeonato Brasileiro contra o Grêmio. Ficou combinado com a comissão técnica que, a partir desse jogo, eu revezaria com o Wallace no banco de reservas. A cada jogo, um de nós seria escolhido para a função de suplente enquanto o outro iria para casa. Nesse vai e vem, o time conseguiu uma marca histórica — o melhor início de Campeonato Brasileiro, com nove vitórias e um empate em dez jogos disputados. Disparou na liderança e virou, de cara, o maior candidato ao título brasileiro. Eu estava feliz, empolgado com a campanha e com a chance de ser campeão, mesmo sem jogar. Chicão e Castán continuavam em grande fase e não davam brecha para que eu ou o Wallace entrássemos no time.

Aproveitei esse período para dar conselhos aos mais jovens. Nos treinos, nos jogos e nas concentrações, lá estávamos nós, conversando e trocando experiências. Lembro que, na semana da estreia do Weldinho (recém-chegado do Paulista de Jundiaí), fui até o quarto dele. Ele estava com 19 anos e teria pela frente ninguém menos que Ronaldinho Gaúcho. É claro que estava nervoso e faria de tudo para esconder aquele sentimento. Eu usei aquilo que tinha aprendido no meu primeiro jogo como profissional. De cara soltei:

— Eu não estou preocupado com o jogo de amanhã. Você está empolgado, concentrado, vai correr pra caramba. Não vai deixar nada passar. Eu tô preocupado mesmo é com o jogo da semana que vem.

Sem querer, ele abriu um sorriso e fez uma cara de interrogação.

— Por que, Paulo?

— Porque no segundo jogo você vai ter de comprovar tudo o que você jogou no primeiro. Quer apostar como vai ser mais difícil?

— Quero só ver (risos).

Fui embora dali com a sensação de dever cumprido, sabendo que havia tirado um peso das costas do menino.

Esse jogo terminou 1 × 1, e o nosso gol, marcado pelo Willian, teve grande jogada individual do Weldinho pelo lado direito do campo. Ele saiu de campo elogiado por todos e, do dia para a noite, virou uma das revelações da equipe. Na sua segunda partida, ele me chamou para dizer que estava mais pressionado do que no primeiro jogo. Eu ri e falei que tudo daria certo.

Nenê Bonilha, Elias Oliveira, Wallace e outros "meninos" começaram a me chamar de pai, por causa dos conselhos que eu dava sobre futebol e sobre a vida. Outro que sempre passava no meu quarto antes dos jogos decisivos era o Paulinho, que parecia querer ouvir sobre suas funções no campo e sobre seu futuro na carreira.

Eu estava gostando daquela função e me sentia bem podendo dividir experiências com esses jogadores.

Nos meses de junho e julho, o mercado de transferências do futebol fica agitado. As equipes detectam as necessidades e procuram se reforçar para a sequência da competição. Nesse período, recebi duas propostas tentadoras para trocar de time. Uma veio da Europa, e a outra, de um time que estava brigando conosco pelo título brasileiro. Resolvi ficar. Apesar de tudo, eu ainda era apaixonado pelo clube, tinha uma ótima relação com todos do elenco e da diretoria. Estava no maior time do Brasil, poderia ser campeão brasileiro, e, com certeza, um empréstimo não mudaria a minha vida. Mais importante que tudo isso, eu sentia ter condições de jogar. Bastava uma oportunidade...

23

A reviravolta

“**Acreditar** quando todos desconfiam. Continuar mesmo quando não tiver mais forças. Persistir quando tudo parecer perdido. Levantar-se quantas vezes forem necessárias. Superar-se a cada dia, a cada prova, a cada lesão e a cada problema fora das pistas. Vencer. Essa é a minha vida, esse é o meu ideal.”

Maurren Maggi, campeã olímpica de salto em distância

No último dia do mês de agosto começou o segundo turno do Campeonato Brasileiro. Nós, mesmo vindo de duas derrotas (Figueirense em casa e Palmeiras fora), mantínhamos a liderança da competição. O problema é que São Paulo, Vasco e Botafogo estavam se aproximando na tabela e nos colocavam sob forte pressão. Externamente, vivíamos um turbilhão. Pedidos da cabeça do técnico Tite e histórias inventadas sobre o mau relacionamento entre os atletas dentro do clube tomavam conta dos noticiários e tentavam justificar a queda de rendimento da equipe. Internamente não tínhamos problemas, e o trabalho do dia a dia continuava bom, mas os resultados positivos haviam desaparecido.

O primeiro jogo do returno era contra o Grêmio, numa quarta-feira à noite, no Estádio do Pacaembu. Eu estava escalado para jogar na zaga ao lado do Chicão, já que o Leandro Castán estava suspenso por conta do terceiro cartão amarelo. Oito meses tinham se passado, e eu faria apenas o meu terceiro jogo no ano. Algo complicado para alguém que iniciara a temporada aspirando a ser titular da equipe. O contraste disso me fez perceber que a coisa mais complicada para quem fica regularmente no banco ou fora dele é resistir às tentações do dia a dia. Os questionamentos internos povoam a mente, procurando culpados e desculpas para aquele momento difícil. A cabeça tenta boicotar o corpo para que ele se entregue de vez. Essa sensação de estar largado no mundo muitas vezes leva o atleta a extravasar nas baladas ou a diminuir a intensidade nos treinamentos para demonstrar sua insatisfação. E é aí que mora o perigo.

Certa vez o Nenê Bonilha, um garoto de 20 anos recém-chegado ao clube, me perguntou como eu e o Bruno Octávio – dois jogadores que passaram por muitas cirurgias, porém têm uma vida financeira estabilizada – fazíamos para treinar e estar todos os dias motivados para o trabalho se ele, que nunca havia jogado, não conseguia? Como resposta, disse que a única pessoa que poderia me tirar daquela situação era eu mesmo. E que, se eu não me esforçasse e treinasse mais que os outros, estaria confirmando a decisão do treinador de não me usar. Ele olhou para mim e disse:

— Você tem razão, vou fazer isso também.

Ao longo da carreira, não há quem não tenha vivido essa situação. No meu caso, a dor das cirurgias e dos tristes períodos de reabilitação, além da incerteza do amanhã, me fizeram valorizar ainda mais a minha profissão e o amor que tenho pelo futebol. O simples fato de poder correr, treinar e jogar já é algo a se comemorar. Estar no Corinthians é uma bênção e não me sinto no direito de reclamar — não depois de tudo o que passei na vida. Então, motivar-se e entender que o problema pode ou deve não ser pessoal é uma tarefa árdua e fundamental para reverter a situação. Foi isso que fiz.

Naquela quarta-feira à noite, após a oração no vestiário, fiz meu corpo acreditar que seria a última partida no ano. Eu não tinha outra escolha senão dar tudo de mim e mostrar que eu ainda era capaz. O confronto foi dificílimo, e jogamos os minutos finais com dois jogadores a menos — Edenílson e Liédson expulsos. Conseguimos suportar a pressão e vencemos o Grêmio por 3 × 2. Foi um jogo para lavar a alma e se sentir um atleta novamente. Pressão, emoção, superação. Eu fui útil e pude perceber que os jogadores contavam e procuravam alguém que lhes transmitisse calma para arrumar a equipe dentro de campo, especialmente no período em que ficamos em inferioridade numérica.

O jogo seguinte era contra o Coritiba, na capital paranaense. Fui relacionado para o banco de reservas e vi o time perder para a equipe da casa pelo placar mínimo de 1 × 0. No meio da semana, nem relacionado eu fui. Por isso assisti do sofá de casa à grande vitória da equipe sobre o Flamengo, com dois gols do Liédson. Parecia que dali para a frente as coisas entrariam nos eixos, mas, já no domingo seguinte, perdemos para o Fluminense. Sete dias depois, perdíamos para o Santos por 3 × 1, no Pacaembu lotado.

Naquela partida não perdemos só o jogo, perdemos a primeira colocação do campeonato depois de quase 15 rodadas. Perdemos a confiança. Perdemos o rumo. E a nossa fiel torcida perdeu a paciência. Protestos, reclamações, invasões no Centro de Treinamento e muitas confusões marcaram os dias que se seguiram. Todos pediam a saída do técnico Tite, exigiam um time de guerreiros, com alma, que representasse o corinthianismo dentro de campo.

Jogadores, comissão técnica e diretoria estavam aflitos. Acuados. Receosos por ter de enfrentar o maior rival (da atualidade) no Morumbi. O São Paulo havia nos passado na classificação e poderia abrir cinco pontos de vantagem com uma eventual vitória. O sentimento era de que estávamos deixando o título escapar pelas mãos depois de um início de campeonato histórico. Ninguém entendia o que estava acontecendo com a nossa equipe. Nada tinha mudado, mas os resultados não apareciam.

Então, na terça-feira, véspera do jogo, o Tite pediu que eu fosse à sala dele. Ao entrar, me deparei com o Alessandro, o Wallace e o Leandro Castán. Achei que estivéssemos ali para conversar sobre melhorias para a defesa. Olhei ao redor e senti falta do Chicão. "Será que ele está atrasado para o treino?", pensei. O Tite fechou a porta e disse:

— Essa é a linha de 4 que vai começar o jogo.

Olhei mais uma vez para ver onde eu me encaixava naquilo. O Tite se virou em direção ao painel pregado na parede de sua sala e começou a movimentar as peças. Explicou como queria que fizéssemos a cobertura e a proteção da zaga.

— Alguém tem alguma dúvida?

Todos balançaram a cabeça negativamente.

— Ao trabalho.

No campo, treinamos as bolas paradas e as jogadas mais importantes do adversário. Dali saímos para a concentração. Tudo normal. Jantar, descanso. Até que um pouco antes do café da noite (às 22 h), o Chicão entrou no meu quarto e disse que estava indo para casa, pois não tinha cabeça para ficar ali.

— Boa sorte.

— Mas voce já falou com alguém?

— Já conversei com o treinador, tá tudo resolvido. Se eu ficar, vou atrapalhar mais do que ajudar.

— Você tem certeza?

— Sim, pedi para treinar amanhã cedo e me preparar melhor. Boa sorte.

E saiu. Achei estranho, mas não imaginei o que aquilo poderia dar de repercussão. Dormi.

A quarta-feira demorou para passar. Estava ansioso para a partida. Tentei todas as coisas que pudessem me distrair. Filme, livro, Facebook e Twitter. Nada adiantava. Era hora da reunião, e, apesar do nervosismo, ela aconteceu normalmente. A frase que ficou guardada na memória foi: "Não podemos perder". Dali seguimos para o estádio.

Ao nos aproximarmos do Morumbi, latas de cerveja foram atiradas no ônibus. Um dos vidros explodiu. O clima hostil, em vez de nos reprimir, nos incentivou. Na chegada ao vestiário, o silêncio e a introspecção ainda predominavam no ambiente, como se cada um estivesse pedindo ajuda aos céus para suportar aquele momento tão difícil. Nessas horas uma atitude ou um simples gesto podem fazer toda a diferença. Lembro que o Caio Mello, fisioterapeuta, tratou de ligar o som no último volume e começou a dançar, arrancando risos de todos os presentes. Relaxou o ambiente.

Depois do aquecimento e da oração, atravessamos o túnel de acesso ao gramado. Subimos as escadarias e, ao som das vaias da torcida adversária, entramos em campo. Dali para a frente, assumimos nossas responsabilidades. Não havia espaço para vaidade ou falta de atenção. Todo lance era decisivo, e a nossa vida estava em jogo. Corremos, marcamos, nos atiramos nas bolas perdidas. Erramos passes por nervosismo e saímos em disparada, tentando recuperar a bola a qualquer preço. Cercamos a equipe adversária, mas não nos expusemos. Sabíamos exatamente o que estávamos fazendo ali. Fechamos a frente da área, demos um passo atrás e reconhecemos que só assim voltaríamos ao caminho das vitórias.

Sobrevivemos aos 90 minutos e saímos de lá com um empate por 0 × 0. O gosto desse resultado era muito mais doce do que grandes vitórias que já havíamos conquistado até então. Parecia que havíamos deixado no Estádio do Morumbi mais de uma tonelada de preocupações e medos que carregamos nas últimas partidas. Problema do São Paulo que a partir dali teria de carregar todo aquele peso até a última rodada do campeonato, quando nem para a Libertadores conseguiram se classificar.

Nas entrevistas pós-jogo, duas questões predominavam. O pedido do Chicão de não ficar no banco e a bela partida que eu havia feito. Não soube responder a nenhuma das duas, estava com a cabeça a mil, desligado do mundo real. Não tive a leitura de que fiz um bom jogo, simplesmente havia feito o meu trabalho com satisfação. Estava feliz por não termos sofrido gol. Estava aliviado por continuar na luta pelo título e desconfiava de que teria a chance de jogar a próxima partida como titular.

Foi exatamente o que aconteceu na partida contra o Bahia, que vencemos, em casa, por 1 × 0. Era a terceira partida no ano que fazia ao lado do Wallace, e nas três oportunidades não sofremos gols. Isso me credenciou a permanecer na equipe, agora, com uma posição de destaque e de confiança do treinador. Mais uma vez, o futebol aprontava das suas e mostrava a importância de jamais deixar de trabalhar e acreditar. Era chegada a minha hora, e eu estava pronto para aproveitá-la.

24

Diário do Timão

“**Em um esporte** coletivo, os companheiros passam de colegas a amigos, até formarem uma família. Com a rotina de viagens e treinamentos, essa é a melhor forma de lidar com a distância dos entes queridos. Depois, o que fica é a saudade das incontáveis histórias engraçadas e dos momentos inesquecíveis das equipes por onde passei, principalmente a Seleção Brasileira.”

Maurício Lima, campeão olímpico de vôlei

Quando a final de um campeonato vai se aproximando, aquele sentimento de nostalgia vem à tona. Lembranças dos jogos, dos gols e principalmente dos momentos vividos fora das quatro linhas são recuperadas nas conversas de vestiário e nas mesas de almoço e jantar das concentrações. Todo mundo já se conhece muito bem, e as "resenhas" fluem naturalmente. No desespero de terminar este livro a tempo de lançá-lo logo que o Brasileirão terminasse, resolvi inovar e sugeri a meus colegas que me ajudassem a escrever os dois últimos capítulos.

Está sendo assim desde a concentração da semana passada, contra o Atlético-PR. Reuni o pessoal e tratei de colocar todo mundo para pensar. Pedi que relembrassem as melhores histórias do ano, de preferência as engraçadas, para que eu pudesse retratá-las aqui. Acho que o público em geral espera conhecer um pouco mais do dia a dia do futebol, em especial a intimidade dos atletas e o que se passa quando estamos no ônibus, no aeroporto, na sala de fisioterapia ou no elevador do hotel.

Neste momento, estou em Fortaleza, no Ceará, concentrado para o jogo decisivo de amanhã contra a equipe local. A pressão é enorme, principalmente para nós, que estamos tão perto do título.

Acabei de voltar do quarto do Julio Cesar e do Danilo Fernandes, onde o Castán e o Wallace jogavam videogame, sob o olhar atento do Diego Sacoman (zagueiro do Corinthians emprestado ao Ceará), que veio nos fazer uma visita. Devo confessar que o Castán já foi logo perguntando qual seria a escalação do time adversário, mas o Diego se esquivou e não quis entregar. Fiquei um pouco ali, escutei algumas histórias e resolvi passar no quarto do Fábio Santos, o cara mais "resenha" do time. Ele passa o dia inteiro observando os outros, arrumando qualquer coisa que possa ser motivo de piada. Como se não bastasse, é o mais fofoqueiro da equipe e adora fazer intrigas para causar momentos divertidos para o grupo. Normalmente ele se concentra com o Willian, mais conhecido aqui como "Cebolinha". Por essa proximidade, o "Cebola" acaba sendo o maior alvo das fofocas do Fábio, que não consegue guardar segredo e espalha todas as intimidades do amigo.

Aproveito que estou no quarto e peço a eles pelo menos duas histórias engraçadas para este capítulo do livro, e o Fábio já começa a rir. Ele sugere que eu conte sobre as reuniões que o Tite promove no dia anterior ao jogo – nessas palestras, cada jogador fala um pouco sobre a partida, o que precisamos fazer para ganhar e sugestões que queiram acrescentar. O Fábio, rindo ainda mais, relembrou que, na semifinal do Paulista de 2011, contra o Palmeiras no Pacaembu, quando chegou a vez do seu parceiro "Cebolinha" falar, saiu:

— Ah, professor, eu acho que... só vou falar uma palavrinha: Espírito de luta.

Ninguém aguentou a matemática do "Cebolinha", e caímos na gargalhada.

O Denner (lateral-esquerdo de 17 anos) também aprontou uma dessas, relembrou Willian, que tentava se defender. Quando chegou a vez de ele incentivar a equipe, na partida contra o Atlético-GO em casa, o garoto disse:

— Tem que ter sinceridade quando entrar em campo, não pode brincar.

Os jogadores se entreolharam, imaginando ter escutado errado. Mas o Denner, em vez de parar por ali, se entregou de vez na frase seguinte:

— Então é isso, a palavra-chave para ganhar hoje é SINCERIDADE.

O pessoal começou a rir, e o Tite entrou em cena para salvar o menino:

— Você quis dizer seriedade, não é, meu filho? É isso mesmo, seriedade! – emendou.

Rimos com a lembrança, e a conversa seguiu. O Fábio, empolgado, continuou relembrando histórias que aconteceram este ano, como a vez em que o Willian (sempre ele) contava que havia comprado um computador. Deitado na cama ao lado, o Fábio perguntou despretensiosamente:

— Mas é um laptop?

E o Willian, feliz da vida com a nova aquisição, respondeu:

— Não, não, é Toshiba mesmo.

Depois dessa história, a gritaria no quarto começou. Um acusava o outro de aumentar o fato e contar mentiras. O barulho chamou a atenção de outros jogadores que estavam no corredor, tomando o café da noite. Ralf, Liédson, Morais e o Moradei entraram no quarto querendo saber o que estava acontecendo. O Fábio já foi logo explicando que precisava de histórias engraçadas para o livro e, ao olhar para um dos quatro que tinham acabado de entrar, se lembrou de outra pérola:

— Esses dias, Paulo — ele começou a contar —, eu tinha almoçado e brinquei que estava com dor no esôfago de tanto que tinha comido. Daí eu perguntei pra um amigo aí (apontando para um dos quatro) "onde é que fica o esôfago mesmo?"; e, como resposta, escutei: "Ah, sei não, acho que fica ali atrás do Parque São Jorge, não é?".

O Liédson se jogou no chão de tanto rir. Fui para o meu quarto e comecei a escrever. Já passava das 23 horas quando me lembrei de outra história. Olhei para a cama ao lado e perguntei para o meu companheiro de concentração, o Weldinho, se podia revelar o que aconteceu quando resolvi levar ele e o Wallace a uma empresa que faz gestão de patrimônio e investimentos. Ele me autorizou. A ideia é que começassem a entender e cuidar bem do dinheiro que ganhariam a partir de agora, porque tinham bons contratos com o Corinthians. O Weldinho estava com apenas 20 anos de idade e não tinha muita experiência no assunto. Por isso, no caminho aproveitei para explicar-lhe como funcionavam as coisas. Ao chegarmos à sala de reunião, uma pessoa do cartório nos aguardava para abrir firma e colher as assinaturas, que precisariam ser reconhecidas. Virei para o Weldinho e falei:

— Senta ali e vai abrindo a firma enquanto converso com o rapaz aqui.

Ele me olhou assustado e disse baixinho:

— Paulo, eu te falei que não queria abrir empresa. É só investir mesmo, cara.

O Wallace não se aguentou de tanto rir e, ao chegar ao clube naquela tarde, espalhou a "resenha" para todos os companheiros de time.

E foi assim, entre jogos, vitórias e derrotas, alegrias e tristezas, pérolas e brincadeiras que seguimos por 11 meses do ano até o momento da decisão.

25

Campeão brasileiro de 2011

“**Antes de um jogo** decisivo não se dorme, não se conversa, e a tensão aumenta até o momento do apito inicial. A experiência ajuda um pouco, mas, por mais experiente que eu fosse, sempre senti isso antes de jogos importantes. Não tem jeito, você nunca vai se acostumar a esse momento. O jogador que não sente isso talvez esteja na hora de parar.”

Oscar Schmidt, ex-jogador de basquete da Seleção Brasileira e maior pontuador da história

Com a bola na mão, o melhor batedor de faltas do campeonato se preparava para a cobrança do escanteio. Faltavam poucos minutos para o término do jogo, que naquele momento estava empatado em 0 × 0. Esse resultado garantiria o nosso título. Sabíamos que a bola parada era a arma mais perigosa da equipe adversária. A tensão pairava no ar. Uma parte da torcida gritava, clamando aos céus pelo fim da partida; a outra sofria em silêncio, roendo unhas, desesperada. Não podíamos sofrer o gol. Não depois de tudo o que havíamos feito para chegar até ali.

Voltei minha atenção ao exército verde que se aproximava da área, esperando o escanteio. O time palestrino, mesmo com dois homens a menos, veio em peso para o ataque. Eles não tinham nada a perder. Estavam ali para cumprir tabela e resolveram tentar estragar a nossa festa. Estavam há mais de uma hora incomodando nossa equipe e os milhões de corações corintianos espalhados por todo o mundo. Resistíamos bravamente, defendendo o nosso patrimônio, nossa honra, nosso gol.

Colocamos dez jogadores dentro da área para afastar o perigo. Eu gritava, tentando organizar a marcação e tirar a bola dali.

Olhei mais uma vez para o batedor, que demorava para efetuar a cobrança. Ele pedia ao juiz outra bola, já que a primeira estava murcha. O gandula lhe ofereceu outra opção. Enquanto isso, na área, várias batalhas eram travadas para ocupar as melhores posições de ataque e de defesa. Entre empurrões e xingamentos, percebi que o cobrador permaneceu estático, mostrando que aquela bola também não tinha condições de jogo. Tive vontade de rir. Fazia parte do folclore do futebol, mas eu nunca havia presenciado isso numa partida tão decisiva. Os gandulas haviam murchado a bola para atrasar o jogo, fazer o tempo passar e diminuir as chances do time adversário marcar o gol.

Antes que eu pudesse voltar a atenção ao jogo, a torcida explodiu. Um som ensurdecedor dominou o estádio. Parecia que as arquibancadas tremiam. Uma descarga de adrenalina passou pelo meu corpo. Entendi o que havia acontecido e levantei os braços para comemorar. O jogo entre Flamengo e Vasco tinha acabado empatado, o que nos dava o título brasileiro por antecipação. Eu me senti aliviado. Olhei para trás procurando alguém para compartilhar aquele momento. Lá estava o Chicão. Enquanto o batedor se preparava para a cobrança, eu abraçava meu companheiro. Minha vontade era falar para os adversários: "Fiquem à vontade, façam o gol. Nós vamos comemorar o título". Foi um momento histórico. A primeira vez na minha vida que um jogo tinha acabado antes do apito do juiz. Eu queria correr para as arquibancadas, festejar. Olhava para o banco de reservas, ansiando o momento que poderia me juntar às comemorações que a comissão e os jogadores faziam do lado de fora.

Mas voltei a atenção ao jogo. Eu me concentrei e ajudei a afastar a bola de dentro da nossa área. A arquibancada, em festa, gritava o hino do clube. Fiquei saudoso ao lembrar que gritei, ao lado do meu pai, lá das arquibancadas do Morumbi, o mesmo hino quando o Corinthians se sagrou Campeão Brasileiro de 1998. Ah, o "Véio"... "Como será que ele está agora? Queria ver sua cara", penso.

O jogo vai rolando, mas minha cabeça está em outro lugar. O time toca a bola, ansioso pelo término da partida, consciente de que aquele é o nosso momento.

O juiz no centro do gramado sopra o apito e decreta o fim do jogo. O Corinthians é pentacampeão brasileiro de futebol. Caio de joelhos, ergo as mãos para o céu e agradeço. Alguém me abraça, depois outro e mais outro. Levanto, olho aquela loucura. Saio de mim. Vejo a torcida, a festa, os companheiros pulando. Eu me sinto aliviado, mais do que feliz. Tirei um peso das minhas costas, acabou a pressão. "E agora, o que acontece? Para onde eu vou?", pergunto para mim mesmo. Só quero comemorar.

Quando me dou conta, estou sozinho de um lado do campo. Meus companheiros estão todos juntos, do outro lado, festejando com a Fiel. Trato de correr até eles e ficar por lá. Mais abraços, mais cumprimentos. Alguns estão chorando, outros agradecendo. Vejo o fisioterapeuta, Bruno Mazziotti, que tanto me ajudou neste ano. Agradeço e digo que ele faz parte de tudo aquilo. Sem ele, eu não estaria ali. Ele sorri, grita e diz que eu fiz por merecer.

De repente já estou no vestiário, mexendo no celular. Quero ver as mensagens, as ligações. São dezenas, impossível responder. Deixo de lado. Quero aproveitar o momento. Ouço músicas da torcida, dessa vez entoadas pelos jogadores. Junto-me a eles, e fazemos a maior festa. Voam bebidas, sobram tapas e sorrisos. É a amizade, a intimidade que conduziu o grupo até ali. Sacanagens, piadas e mais comemorações. Estamos espremidos em um canto do vestiário porque o espaço reservado para aquecimento (antes do jogo) está tomado por diretores e familiares que vieram nos prestigiar. Decido que é a hora de tomar banho. Quero ir para casa comemorar com meus pais, combinei de encontrá-los lá.

Depois de uma epopeia de fotos e autógrafos, consigo passar a barreira dos torcedores e chego à zona mista, onde concedemos entrevista à imprensa. Aquele espaço está tomado, como nunca havia visto. Todos querem uma palhinha dos campeões. Falo do grupo, do merecimento, das dificuldades e da alegria. Em uma das dezenas de entrevistas que concedi, o repórter diz que ganhei a Bola de Prata como melhor zagueiro da competição. Sorrio por fora, mas por dentro não me aguento de felicidade. Quero pular e gritar. Aquele mesmo troféu que disputei em 2005 e que sonhei ganhar agora era meu. Agradeço a todos por aquele momento. Sinto-me completo. E louco para ir para casa, onde os familiares me esperam.

Pego o carro, dirijo até o prédio onde moro. O porteiro não diz nada, apenas abre o portão como em um dia normal. Subo de elevador e entro em casa. A família está sentada no sofá. Abraço um por um. Meu irmão, minha irmã, minhã mãe. Meu pai se levanta, me abraça bem forte e, com uma voz que quase não sai da garganta, fala, baixinho, no meu ouvido:

— Obrigado. Este foi o dia mais feliz da minha vida.

Sinto mais uma vez aquela descarga de adrenalina, de emoção. Dessa vez não é alívio, é alegria pura. Não preciso de mais nada, minha história está completa.

Pelo menos até que a próxima se inicie.

Parte III

Reflexões

Mauro Beting, jornalista esportivo e goleiro esforçado de pelada

"Não é fácil se posicionar em campo. Um zagueiro como Paulo André sabe o que é isso. Pena que pouca gente do futebol pense e sinta o jogo como ele. Confesso que nunca quis ser jogador. Sempre quis ser jornalista. Nunca tive inveja de atleta, apenas admiração. Mas, quando leio o blog do Paulo e tenho o privilégio de ler o primeiro (e espero que não o único) livro dele, aí sim, como jornalista e metido a escritor, vejo que a, digamos, 'inveja positiva' é algo que me obriga a pensar e tentar escrever melhor que Paulo André. Algo tão fácil quanto eu entrar na zaga e defender meu time como ele."

26

Boleiro, jogador e atleta

Depois de 14 anos dentro do esporte, pude constatar que os verdadeiros atletas treinam por amor, se dedicam e se sacrificam por um ideal. Não se importam com as dificuldades geradas por outros fatores que não suas próprias limitações. Costumeiramente temos mais exemplos disso fora do futebol, em especial no atletismo ou nos esportes individuais. Esses verdadeiros atletas sabem que cada detalhe do seu dia a dia pode fazer a diferença na competição e nos resultados, por isso treinam a fundo e exigem cada vez mais de si próprios, pois só assim poderão vencer seus oponentes.

Ao longo da minha carreira, vi poucos exemplos desse tipo de atleta dentro do futebol e sempre me questionei sobre o porquê desse fato. Talvez porque o futebol, jogado a 11, permita que seu companheiro o ajude, esconda suas limitações, seus defeitos e até seus excessos (festas e bebedeiras) durante a semana. Coisas que normalmente são difíceis de esconder em um esporte individual ou em uma modalidade em que toda ação é decisiva, como no vôlei ou no basquete. Outra possibilidade seria a perpetuação do antiprofissionalismo, motivada pela má-formação dos profissionais que trabalham com as categorias de base e que se limitam aos ensinamentos dos fundamentos desse esporte, em vez de promover um aprendizado completo, preparando e educando os jovens para a vida.

Essa cultura futebolística faz com que, ainda nos dias de hoje, aceitemos "jogadores", e não somente atletas. São inúmeros os exemplos dos que não gostam de treinar, não veem importância no trabalho físico ou no estudo do adversário. Parece brincadeira, mas a maioria dos jogadores não gosta de assistir a jogos de futebol na tevê nem de tomar os suplementos propostos pelos nutricionistas para o seu desenvolvimento físico. Poucos são/foram atletas (na concepção da palavra) que buscavam evoluir e se desenvolver a cada treino, a cada jogo e a cada campeonato. Muitos jogaram fora a chance da vida por serem displicentes e indisciplinados. Outros levaram a carreira "nas coxas", conquistando sucesso, prêmios e dinheiro pelo dom que possuíam, mas nem imaginam aonde poderiam ter chegado se tivessem aprendido ou percebido o potencial de que dispunham. E o fim da maioria deles é conhecido pela tristeza e pela miséria, normalmente perdendo tudo o que ganharam em suas carreiras para um empresário, uma ex-mulher ou para noitadas e bebedeiras. Eles esquecem que há vida depois do futebol, e que seu talento dentro de campo não abrirá mais portas a partir do momento em que suas carreiras tiverem sido encerradas. Por esses motivos, temos, além dos atletas, dois grupos distintos: o dos jogadores e o dos boleiros.

Não posso negar que tivemos grandes futebolistas que foram só jogadores ou boleiros. Se bobear, tivemos muitos gênios dentre eles. Não serei eu que os condenarei, só quero lamentar o fato de não conseguir imaginar o que poderiam ter feito e aonde poderiam ter chegado se tivessem se preocupado um pouco mais com seus corpos, suas cabeças e suas vidas fora das quatro linhas. Digo isso porque dentro de campo sempre foi fácil entendê-los e analisá-los. Cada um tinha características distintas que os tornavam capazes de estar ali. Habilidoso, inteligente, rápido, forte, bom chute, bom cabeceio, ótimo posicionamento, boa antecipação, grande visão de jogo, liderança, personalidade, frieza e uma facilidade incrível na mudança de direção das corridas. Uns tinham mais de uma dessas características, outros, quase todas. Sem dúvida, a maioria deles se encaixaria na categoria de bons jogadores ou jogadores fantásticos.

Porém, para mim, é fora de campo (pelo menos fora das habilidades exigidas no jogo) que podemos identificar a maior diferença entre eles. Para me ajudar nessa explicação, vou recorrer a uma frase que aprendi quando joguei em Águas de Lindoia e que trago comigo por onde passo: "Jogar futebol não é só jogar futebol". Existem várias outras coisas que influenciam o sucesso e o fracasso de cada um, como, por exemplo, a maneira de se relacionar com os companheiros, com as pessoas do clube e com a comissão técnica, além da forma de lidar com a torcida, a pressão e o assédio extracampo. Outro ponto importante é o modo como se deve encarar as vitórias e as derrotas, as quais podem vir a ludibriar, empolgar, esconder ou decepcionar a mente de cada jogador, levando-os a hábitos perigosos para quem deseja uma boa carreira em longo prazo. Todas essas questões, psicológicas ou práticas, têm grande influência na maneira como devemos encarar os treinamentos físicos e técnicos do dia seguinte e, principalmente, em como devemos lidar com o descanso e a alimentação durante os períodos de competição. Pontos fundamentais para o bom rendimento e desenvolvimento das nossas qualidades como atleta.

Voltando aos grupos que mencionei, com certeza o de jogadores de futebol é, hoje, maioria no Brasil. São aqueles que chegam no horário, cumprem suas obrigações, se dedicam nos treinos, mas não abrem mão dos seus prazeres fora de campo. Entendem um pouco do jogo e da importância do grupo para o sucesso nas competições, mas não se esforçam em minimizar suas vaidades pelo bem coletivo. Exemplo clássico é quando o jogador é substituído e faz gestos contrários à substituição, numa total falta de respeito ao comandante e ao companheiro que está entrando em seu lugar. Os jogadores possuem ideias enraizadas (desde o tempo da formação) na teoria de Gerson, segundo a qual o mais malandro é o que tira mais vantagem de tudo. Seja em um treino físico, seja em um treino tático, que são para o seu próprio bem, o negócio é tentar economizar tempo e energia. Seu dia a dia profissional dita o seu bem-estar pessoal, ou seja, na fase boa acaba extrapolando um pouco fora de campo, o que muitas vezes faz com que seu rendimento caia já em curto prazo.

O grupo dos boleiros já esteve presente em maior número no futebol brasileiro, mas hoje é exceção, especialmente nos grandes clubes do país. Não há mais espaço no futebol profissional para esses que continuam agindo como nos tempos de várzea. Não gostam de treinar, não gostam de observar o adversário nem de tomar suplementos nutricionais para acelerar a recuperação ou promover o aumento de massa muscular. Não acham certo mudar a velha rotina de quando jogavam no campinho de areia ao lado de casa. Chegam direto da festa ao treinamento, às vezes bêbados. Nunca ficam um pouco mais para aperfeiçoar algum gesto técnico. Não estão abertos à conversa para melhoria do rendimento, pouco se importam com a tática ou com a equipe, pois acreditam que jogar bola é suficiente para ganhar campeonato. Sua prioridade é a vida fora do trabalho. Está sempre rodeado de "amigos", carrões e mulheres, sendo muito fácil identificá-lo.

Eu tive contato com muitos boleiros com um dom incrível, condições físicas muito melhores do que a minha, mas que, mesmo assim, jogaram tudo fora por falta de instrução ou visão. Eles estavam fechados para aprender ou modificar o estilo de vida que levavam, pois, para eles, era tão fácil jogar futebol que acreditavam não precisar de mais nada. Infelizmente esse último grupo, apesar de estar em extinção, fez com que, ao longo da história, a maioria das pessoas acreditasse que o talento dos futebolistas fosse nato, sem precisar de dedicação ou lapidação. O engraçado é que essas mesmas pessoas acham que o talento dos atletas de outros esportes é mérito puro, resultado da dedicação e dos sacrifícios diários de uma vida dura.

Eu realmente discordo dessa opinião de que o talento é nato, pois acredito que em algum momento, seja na infância lúdica, seja na adolescência difícil, aqueles que praticam repetitivamente um esporte se tornam especialistas. Então, apesar de não parecer dedicação, foram milhares de horas praticando e se preparando cognitivamente para executá-lo com talento.

Os boleiros fizeram também com que acreditassem que os futebolistas erram em campo porque sua vida extracampo não condiz com a vida de atleta, fato corroborado por inúmeros ex-jogadores que hoje são "comentaristas" do esporte. Essa falsa constatação causa revolta nas pessoas que acompanham futebol, por acharem que os atletas que não funcionam como máquinas perfeitas às quartas e aos domingos estão necessariamente vivendo na noite, bêbados ou drogados.

Pessoalmente, acho muito importante que a pessoa tenha outras atividades, saia para jantar, tome um vinho ou uma cerveja, vá a uma festa e esqueça o futebol quando está com a família ou entre amigos, pelo simples fato de ser saudável, já que ninguém trabalha 24 horas por dia. Mas torcedores fanáticos veem isso como um afronta ao seu amor pelo time do coração e têm a impressão de que os jogadores estão desperdiçando todo o talento que o Criador lhes ofereceu e, pior que isso, estão fazendo corpo mole ao vestir o manto sagrado de suas equipes de coração mesmo ganhando rios de dinheiro para "só" jogar futebol. Essa é a cultura do brasileiro que eu torço, diariamente, para mudar.

Fora isso, parto do princípio de que o futebol movimenta bilhões de reais ao redor do mundo e é conhecido por valorizar somente os vencedores e chego à conclusão de que, nos dias de hoje, dificilmente veremos alguém que não seja atleta tendo sucesso e conquistando títulos importantes.

27

A categoria de base e os verdadeiros professores

No Brasil, existe dificuldade para encontrar treinadores nas categorias de base que se preocupem com a evolução do atleta em longo prazo. Esse tipo de profissional é, atualmente, uma verdadeira raridade nos clubes de futebol, já que a maioria dos treinadores trabalha praticamente da mesma maneira, formando jogadores e não pessoas – boleiros, e não atletas. Os formadores deveriam enxergar as necessidades, as qualidades e as limitações de cada um dos seus pupilos, assim como perceber o potencial a ser explorado e os defeitos a serem escondidos (já que o futebol permite isso). Deveriam entender de psicologia e pedagogia do treinamento, além de conhecer um pouco de gestão esportiva. Com essa capacidade de entender tanto do jogo quanto de pessoas, aí sim poderiam receber o título que lhes é dado hoje sem nenhum merecimento, o de professores de futebol.

Ao longo da minha formação, tive contato com poucos treinadores preparados. A maioria até já parou de trabalhar com futebol, pois é mais antiga, de outra época. Eles não possuíam tantos dados, informações ou auxiliares como se tem hoje em dia, mas tinham algo mais importante: bons olhos. Enxergavam além, não se cansavam de ensinar e corrigir, faziam aquilo por amor, por ideal. Buscavam a excelência do movimento e do gesto técnico, e isso os tornava completamente diferentes e especiais.

Mas, se eles não existem mais ou são raridade, como é que o futebol brasileiro continua revelando excelentes jogadores, em menor quantidade que antigamente, e, ainda assim, em grande escala se comparado ao resto do mundo?

Uns dirão que é pela quantidade de matéria-prima (número de jovens tentando ser jogador de futebol), outros (em especial os europeus) acharão que o talento futebolístico é nato do povo brasileiro, e a revelação de um craque é "pura sorte", pois não há lógica ou pedagogia na sequência de treinamentos e na evolução da carreira. Pouquíssimos se arriscarão a dizer que é pela qualidade da formação ou pelos bons profissionais existentes nas categorias de base dos clubes no Brasil, e é isso que me preocupa.

Do lado dos formadores atuais, escutaremos dizer que inúmeras questões dificultam e interferem na formação de bons atletas, já que temos vários empresários opinando e transferindo jovens a torto e a direito, sem que eles possam ter um período de aprendizagem e a sequência de um trabalho estruturado por uma equipe multidisciplinar adequada. Além disso, dirão que nossos dirigentes alteraram algumas fórmulas de sucesso do passado, como, por exemplo, os torneios que antigamente eram sub-20 e hoje se tornaram sub-18, fazendo com que o tempo que se tem para trabalhar jovens talentos seja ainda menor. É notório que essa precocidade força os garotos a subir à equipe profissional despreparados, incapazes de possuir os requisitos básicos para o alto nível.

Contra os formadores atuais, vou usar a minha experiência de seis anos "me formando" por aí, em quatro clubes diferentes. Vi coisas boas e ruins, treinadores que entendiam do jogo e outros que não me ensinaram nada por anos. Preparadores físicos que aplicavam o treino "em fornada" (todo mundo junto) e outros que buscavam a especificidade de cada um – na verdade, não me lembro de ter vivido isso na base. Tive treinamentos físicos em que precisávamos correr subindo e descendo montanhas por 10 quilômetros num tempo determinado, enquanto passava uma Kombi do clube recolhendo os que vomitavam ou passavam mal. Vi também reações espetaculares de treinadores, dignas de cinema, estimulando ou acabando com garotos em formação. Vi ainda treinadores da base chegando bêbados nas concentrações, e por aí vai. Um dia, em 1998, meu pai apareceu no clube e perguntou por que eles não assinavam jornais e revistas para que nós, atletas, pudéssemos ler ou pelo menos olhar o que acontecia no mundo, já que vivíamos em um Centro de Treinamento afastado de tudo, sem televisão nem contato com outras pessoas. Ele foi tachado de louco pelo diretor na época, que disse que os jogadores jamais leriam essas coisas. Essa discussão quase comprometeu minha continuidade no time.

Na maior parte dos casos, ex-jogadores, sem formação ou preocupação educacional, pedagógica ou psicológica, utilizam-se de sua história de vida como meio para ensinar seus pupilos. Sem dúvida, a experiência prática é muito importante, e acredito que ex-jogadores possam entender mais de futebol do que qualquer outra pessoa, embora não seja uma regra. Mas só ter sido jogador não capacita a pessoa a formar atletas. A função e a responsabilidade desses professores são muito maiores do que simplesmente entender de futebol, já que eles servem de espelho para adolescentes que deixam suas casas muito novos e perdem a figura paterna, depositando toda a esperança de vida na prática daquele esporte.

O que quero dizer é que mesmo os ex-atletas mais experientes deveriam ser obrigados a estudar para exercer uma função tão importante, capaz de ajudar o jovem a crescer dentro e fora das quatro linhas. O objetivo das categorias de base deve ser voltado não só para o rendimento, mas também para a formação e a educação de cidadãos.

Um exemplo claro disso acontece em alguns países europeus, onde profissionais de educação física e ex-atletas são obrigados a se formar como treinadores específicos de futebol, em curso oferecido pela federação ou pela confederação, padronizado e reconhecido pela legislação esportiva do país. São graduações oficiais, e em cada nível de aprendizado a pessoa ganha uma credencial para trabalhar especificamente em uma divisão do futebol. As grades incluem alguns anos de estudo e disciplinas como pedagogia, psicologia e gestão aplicada ao esporte, além da aprendizagem de táticas e treinamentos.

Isso é visto como chateação por grande parte dos profissionais que já atuam no futebol brasileiro, pois dirão que futebol não se aprende em sala de aula. É fato que eles saberão praticamente tudo o que é ensinado sobre o que acontece dentro das quatro linhas, mas acredito que terão muito a aprender com o que se passa fora delas.

Apesar de saber que o Brasil também é um grande exportador de técnicos, principalmente para o mundo árabe e muitos países do Oriente, tenho certeza de que a qualidade dos formadores pode melhorar. É claro que esse curso não os transformará nos melhores treinadores do mundo, mas lhes dará ferramentas e o reconhecimento da responsabilidade social inerente à função que exercem, em um país que ainda não oferece essa oportunidade na educação pública.

Sabendo que os jogadores têm cada vez mais exposição na mídia e são exemplos para a sociedade, em especial para nossas crianças, temos de nos preocupar com a imagem transmitida a cada dia, e isso começa na instrução recebida nas categorias de base. Se educação de qualidade é essencial para qualquer ser humano do mundo, no futebol não é diferente.

28

Amigos que ficaram para trás

Em abril de 2011, recebi a visita de um velho amigo, daqueles dos tempos de vacas magras, das pizzas de quarta-feira e dos sonhos quase impossíveis. Vinicio Alcântara, mais conhecido como Espiga, que jogou comigo nas categorias de base do São Paulo Futebol Clube entre 1998 e 2001. Lembro o dia em que ele chegou ao Morumbi, com 14 anos de idade, vindo da cidade de Bezerros, Pernambuco. Com uma mala nas costas, entrou no refeitório e chamou a atenção não pela sua estatura, próxima de 1,85 metro, mas pelo seu peso, 60 quilos. Era magro que dava dó e, depois de passar no teste como goleiro, veio morar conosco no alojamento. Mesmo com uma alimentação balanceada e tomando todo tipo de suplemento, não conseguiu ganhar peso, o que sempre foi motivo de piada entre a gente.

O Espiga jogou nas equipes de base do São Paulo por cinco anos e foi titular em quase todas as categorias. Infelizmente, apesar de sua dedicação, não chegou a se tornar profissional no clube e, aos 19 anos, foi mandado embora. Sem ninguém para ajudá-lo, pediu que eu tentasse levá-lo ao Águas de Lindoia, onde ele tentaria relançar sua carreira, assim como eu estava tentando fazer com a minha. Pela boa relação que eu tinha com o treinador do clube, consegui que ele viesse treinar conosco, mas o problema era que já estávamos na reta final da competição, e o prazo limite de inscrições para o campeonato já havia terminado. Naqueles poucos meses em que o Espiga ficou ali, morando no sítio, não pôde jogar e viu que a realidade do futebol longe de um clube grande e estruturado era muito triste. Decidiu que aquilo era sofrimento demais e não quis mais apostar suas fichas no esporte. No fim daquele ano, quando fui transferido para o Guarani, o Espiga parou de jogar, mudou de vida, batalhou, voltou a Pernambuco em busca de dias melhores e hoje, dez anos depois, é taxista na cidade de São Paulo.

Nessa visita, entre um pedaço de pizza e outro, relembramos histórias e pessoas dos nossos tempos de alojamento. Um dos nossos amigos mais próximos era o Eduardo Paulo dos Santos, mais conhecido como Eduzinho. Ele veio lá da Gruta do Arroz, uma vila em alguma parte de Maceió, Alagoas. Quando chegou ao clube, aos 14 anos, ganhou quatro quilos só na primeira semana, de tanto que comeu. Parecia que nunca tinha visto comida na frente e, quando entrava no refeitório, montava sua bandeja parecendo um bolo de aniversário.

O Eduzinho ficou os três primeiros dias (após a sua chegada) sem treinar porque tinha vergonha de perguntar onde era o vestiário. Na época, chegamos a pensar que ele era mudo ou maluco, pois sempre andava pelos corredores do Estádio do Morumbi sozinho, se escondendo atrás dos pilares quando alguém se aproximava.

Apesar disso, tinha um talento incontestável e acabou passando no teste como meia-esquerda. Quando o clube foi matriculá-lo na escola, percebeu que ele nunca havia estudado e teve de colocá-lo na segunda série do ensino fundamental, num supletivo na cidade de Cotia, cidade na qual ficamos alojados no ano seguinte.

Lembro que sentei várias vezes para ajudá-lo a aprender a ler e escrever. Era um garoto esforçado, muito educado e querido por todos, e ficou no SPFC até os 19 anos, quando também foi mandado embora. Dali, seguiu para o Serra Negra, onde disputou uma Copa São Paulo de Futebol Junior pela equipe da cidade (ele estava naquele time que nos venceu na minha última Copa São Paulo). No ano seguinte, jogou a quinta divisão paulista pelo clube, mas não obteve sucesso. Tentou jogar em outros times, mas as experiências não deram certo, e ele foi obrigado a procurar outra coisa para fazer da vida. Da última vez que falei com ele, tinha voltado a jogar futebol na segunda divisão alagoana, recebendo um salário mínimo para sobreviver. Espero que esteja bem.

Infelizmente quase ninguém conhece essas histórias. Pouca gente sabe que só alguns esportistas, se comparado à montanha dos que tentam, obtêm sucesso e conseguem ajudar suas famílias a sair da miséria. Esses poucos vencedores são adorados pelas suas trajetórias difíceis, idolatrados pelas suas conquistas e servem de exemplo para muitos, que os veem como a esperança e o único caminho de salvação para suas dificuldades.

Mas e a história desses tantos outros jovens que, por ironia do destino, não conseguiram chegar ao estrelato? Quais foram as consequências emocionais, psicológicas e físicas para essas pessoas? Onde eles se encontram hoje?

Estou nessa caminhada desde os 14 anos de idade e cruzei com muitos sonhadores pelo caminho. Moramos juntos nos mesmos alojamentos, comemos nos mesmos refeitórios, dividimos alegrias e tristezas, sonhos e realidades. Choramos por saudade de casa, por medo de não dar certo, por conta de derrotas e por amigos que iam ficando no meio do caminho. Apesar disso, seguimos em frente, na esperança de nos tornar atletas profissionais.

O que eu posso constatar dessas experiências é que a maioria deles sequer terminou o ensino médio. A maioria não conseguiu ajudar a família, viveu um mundo de ilusão e hoje trabalha como empacotador no mercado, cobrador de ônibus, segurança de casa noturna. Outros voltaram para o interior do Recife ou de Alagoas e se encontram na miséria, sem esperança de dias melhores. Não quero desmerecer essas profissões, dignas e essenciais para toda a sociedade, mas, sim, mostrar o contraste da realidade atual com o sonho de outrora. Quero deixar evidente a necessidade de mudanças no formato atual de formação de crianças e jovens (atletas ou não) em nosso país, pois não podemos admitir que uma pessoa que tentou ser jogador chegue aos 20 anos só sabendo jogar bola e não tenha evoluído em outros setores da vida. Aliás, não podemos admitir que a única esperança de um futuro melhor para a maioria dos brasileiros seja o futebol ou a música.

Precisamos cobrar nossos governantes a respeito de outras possibilidades para o desenvolvimento individual de cada cidadão, cada família e de nossa sociedade como um todo, porque com certeza não teremos Ronaldos, Gugas e Cielos em qualquer esquina para "salvar a pátria".

Espero que essa realidade seja passada às crianças e aos adolescentes que hoje focam nos ídolos, no sucesso, na fama e na superação dos que deram certo, mas que pouco conhecem dos que deram errado. Minha mãe sempre disse:

— O conhecimento é uma das poucas coisas que ninguém pode roubar de você.

E esse é o ponto que quero deixar para reflexão: nos preocupamos em deixar um mundo melhor para os nossos filhos, mas quando deixaremos filhos melhores para o nosso mundo? Utopia? Talvez! Mas tenho certeza de que acreditar que é possível já é o primeiro passo.

29

Carta aos atletas

Por que será que as derrotas têm um sentimento mais amargo e marcam mais para os atletas do que as vitórias? A alegria da vitória passa voando, pois em um curto período você terá de provar sua capacidade novamente. Já a derrota, mesmo se podendo vencer na próxima competição, machuca a alma, deixa marcas e feridas internas que poucos conseguem perceber. Esse fato, mesmo que inconsciente, dita o futuro, as mudanças e os sentimentos, como se, a partir dali, a mente trabalhasse em piloto automático, buscando navegar em águas tranquilas, evitando nova decepção.

Eis então que se começa uma louca busca pela perfeição, para que não se erre, não se perca nem se desiluda. Um sentimento, um pensamento, um fardo imaginário que se carrega, repleto de cobranças internas e externas, medos e inseguranças aliados a uma única certeza, a de que nunca se é bom o suficiente, mesmo quando se é um dos melhores do mundo.

Infelizmente, essa busca ganhou força ao longo dos séculos e se disseminou como verdade absoluta, conquistando adeptos pelos quatro cantos do mundo. Como resultado, instaurou na cabeça dos atletas dúvidas e fraquezas, o medo de falhar e a baixa autoestima, sem se importar com as consequências dessa prática na vida pessoal de cada um.

Eis então o martírio dos atletas de alto rendimento. Como máquinas, eles repetem exaustivamente cada gesto, tentando encontrar a maldita perfeição. Se as pessoas soubessem o que sofrem e o que passam por não serem perfeitos, o que se cobram e deixam de tentar por saber que poderiam fracassar, talvez teriam ensinado às novas gerações que a perfeição não está ali para ser alcançada. Ela não existe. A ideia da perfeição, esta sim, deveria ter morrido na horrenda fogueira da Inquisição.

Ninguém quer um robô, perfeitamente frio, perfeitamente sem emoção. Se não há emoção, não pode ser perfeito e, se há emoção, é impossível que o seja. Eis a lógica que destrói a ideia atual de alguns formadores de atletas.

Quando se derem conta disso, atletas se tornarão seres humanos mais felizes, aliviados. Quando aprenderem que o melhor é buscar a superação, ser melhor hoje do que ontem, terão um ganho de confiança e de possibilidades que com certeza os farão sentir ainda mais prazer pela vida e pelo esporte. Quem sabe assim consigam maravilhar ainda mais o mundo com seus feitos.

Para isso, basta que saibamos a verdade: a única perfeição desse mundo é a imperfeição!

30

Como se preparar

Um conselho que eu daria para os jovens esportistas que sonham com uma vida de sucesso dentro do esporte é buscar saber como seus ídolos, que conquistaram o que eles sonham, fizeram para alcançar seus êxitos. Devem tentar entender também se eles são felizes com suas vidas dentro e fora do jogo para ver se vale a pena o preço pago por suas conquistas. Uma das únicas maneiras de se obter essas informações é lendo biografias de grandes estrelas, assim perceberão que as lutas, as dificuldades e os caminhos para se conquistar alegrias e títulos são muito similares, independentemente do esporte praticado.

Os bem-sucedidos não estão ali por acaso, eles fizeram por merecer, passaram muito tempo plantando por entre sombras para colher a luz das multidões. E, por mais que hoje as aparências mostrem uma vida fácil e rica em títulos, fama e dinheiro, cada campeão sabe quanto custou cada vitória e cada campeonato. Não estamos falando em dinheiro, estamos falando no valor das difíceis escolhas com as quais os atletas se deparam. A maioria delas quando ainda jovens, como, por exemplo, deixar a casa e a família para trás em busca de melhores condições de trabalho e aprimoramento dos seus talentos. Ou, ainda, colocar o estudo de lado muito antes de saber se essa aposta de ser profissional dará certo.

No meu caso, tive de decidir sair de casa aos 14 anos e não dar muita atenção aos estudos, aos carnavais perdidos e aos fins de semana passados nas estradas e nas concentrações, com saudade de casa, dos amigos e da namorada. Aqueles dias e aquelas decisões machucavam, faziam sofrer, me enchiam de dúvidas. Eu me perguntava, incessantemente: "Será que vale a pena? Será que isso vai dar certo? E, se não der, o que vou fazer da vida?" Lembro-me também de cada vez que tive de abrir mão de inúmeros desejos cada vez que meus amigos ficavam no bar ou nas festinhas, e a minha consciência me chamava mais cedo para a cama.

Nessas horas surgem alguns poucos conselheiros (pai, mãe ou um bom treinador) que nos mostram a importância dessas escolhas, nos contam suas experiências de vida e fazem suas considerações. Por outro lado, surgem também muitos "amigos" que nem imaginam o que é batalhar para alcançar o sucesso e nos incentivam a fazer tudo aquilo que o manual do atleta condenaria. Saber identificar isso é um grande passo aos que sonham com um futuro vitorioso. De qualquer maneira, são decisões duras de ser tomadas por adolescentes que, preparados ou não, devem optar por aquilo que acreditam ser certo. Não há uma fórmula mágica ou ideal, mas devemos saber que cada decisão tem seu preço, e, cedo ou tarde, a vida nos cobrará ou nos pagará por nossas escolhas.

Vou contar uma história que ilustra bem isso que estou dizendo. Lembro-me de quando estive na Alemanha para visitar um amigo que disputaria o título alemão. Sua casa estava cheia de gente, todos ansiosos para assistir àquela incrível partida no fim de semana. Dentre os amigos, estava o Ricardo, um ex-jogador de 28 anos que tinha parado recentemente. Ele não conseguia arrumar clube para jogar nem emprego para trabalhar, o que fez meu amigo lhe dar uma força, convidando-o para morar com ele na Alemanha. O Ricardo era um cara engraçadíssimo, cheio de histórias de bastidores, que acabavam fazendo a alegria da casa. Além disso, tinha outras funções, como levar e buscar alguém no aeroporto, abastecer o carro, fazer as compras no mercado etc. Um "amigo empregado", muito comum entre os jogadores brasileiros na Europa.

Como sabíamos que meu amigo iria para concentração, pedimos para o Ricardo levar a gente para a balada, para conhecer a festa alemã. Eu, que até aquela época não tinha o costume de sair nem beber, estava a fim de curtir o fim de semana. Até porque vinha de uma séria cirurgia no joelho direito, estava desanimado com futebol e não acreditava que pudesse voltar a jogar. Tinha 22 anos, morava sozinho na França e não lembrava meu último fim de semana livre sem pensar no joelho ou na fisioterapia. Aliás, não lembrava a última viagem de férias com a família e os amigos. Então, resolvi me permitir um fim de semana de alegria.

Antes de sair de casa para a festa, o jogador (possível campeão alemão no dia seguinte) me deu um dos melhores conselhos que já recebi na vida. Ele disse:

— Legal que você vai sair com o Ricardo, mas lembre-se de uma coisa: se ele acabou com a carreira dele, imagine o que ele não vai fazer com a sua. Se cuida, cara.

Uma brincadeira, que até hoje é motivo de piada entre a gente, ilustra bem a importância das escolhas, das companhias e das prioridades na vida de um jovem atleta. O Ricardo não percebeu isso enquanto era atleta e acabou perdendo para si mesmo (tentações, amigos que só queriam saber de festa e perda do foco principal, o futebol), o que o forçou a encerrar sua carreira antes do previsto.

O que faltou para o Ricardo sobrou para mim. Amigos e familiares que queriam o meu bem e entendiam que a vida de atleta era de privações nunca permitiram que eu perdesse o foco. Acho que por causa deles me tornei *workaholic*, mas, no fim das contas, melhor errar por fazer mais do que por deixar de fazer. Uma coisa que me ajudou muito, e também teve o incentivo de meus pais, foi o gosto pelos livros. Ótimos companheiros quando se passa anos e anos morando em alojamentos das categorias de base, sem tevê, jornal ou qualquer atividade cultural. Graças a Deus, eles continuam meus companheiros nas concentrações de hoje, mesmo tendo internet, tevê a cabo e tantas outras opções.

Por meio dessas literaturas, pude aprender com Michael Jordan, Magic Johnson e Phil Jackson no basquete, Michael Phelps na natação, Bernardinho no vôlei, Lance Armstrong no ciclismo, o que é ser atleta, quais são os deveres e as obrigações e qual o caminho mais curto para se chegar ao estrelato (se é que existe um caminho curto). Se não o encurtei, bati menos vezes a cabeça por causa deles, simplesmente por entender que eles já haviam passado e vivido tudo aquilo que eu estava vivendo.

Se pudesse resumir o que é ser atleta, diria: sonho, paixão e desejo, aliados aos sacrifícios e à dedicação! Repetição, repetição e repetição. Automatizar cada gesto, cada fundamento, preparar a máquina física e alinhá-la com a máquina mental, tornando-as uma coisa só. Suportar pressão, suportar derrotas, superar pessoas, superar a si próprio. Tudo isso numa decisão que deve ser renovada ao se levantar a cada manhã.

31

Recado aos pais

1) Muita gente me pergunta qual é o melhor momento para o filho sair de casa e tentar a sorte no futebol. Essa é uma questão de extrema importância, e pela minha experiência no assunto posso dizer que não existe uma receita infalível. Vi meninos de 11 anos apontados como promessas, grandes talentos, mas que não chegaram nem perto do profissional. Vi outros chegarem aos 18 anos sem nunca terem passado por um clube e, como num passe de mágica, estourarem para o futebol. Na maioria dos casos, jovens entre 14 e 16 anos buscam uma chance nesse seleto meio de "sortudos" que conseguem entrar nos bons clubes do Brasil para treinar e se aproximar do sonho de ser um astro do esporte.

Cada pai deve pensar em coisas importantes para saber se é a hora de deixar o filho voar nessa direção. Sabemos que a maioria dos jogadores vem de famílias humildes, que, em muitos casos, não têm o que comer em casa, não possuem dinheiro para a condução, educação ou saúde de qualidade. Com isso, você, pai, permitiria que seu filho fosse para um clube que tivesse uma boa estrutura e oferecesse alimentação diária, alojamento, plano de saúde particular e que o obrigasse a frequentar as aulas em um colégio público? Claro que sim!

Por outro lado, se você tem condições de alimentá-lo, formá-lo da maneira que acha correta, talvez não precise "empurrá-lo" para fora de casa tão cedo. Digo isso porque sei que a vida nos alojamentos dos clubes brasileiros é complicada, e poucos times têm estrutura digna para estimular e capacitar o jovem a se tornar um profissional de sucesso. Por isso, se o adolescente não tiver um mínimo de preparo, educação e discernimento, com certeza se perderá nas inúmeras dificuldades e tentações do meio ou desistirá na primeira curva da estrada.

Por isso, é muito importante que o garoto tenha uma adolescência normal, vivenciando e experimentando todas as novas situações que costumam surgir na vida de um jovem. É nessa idade que ele moldará seu caráter, seus gostos e seus princípios de vida. Se estiver cercado pelos familiares e pelos amigos, as chances de se tornar um homem preparado para fazer suas próprias escolhas serão muito maiores. Fato que o ajudará enormemente quando tiver de se confrontar com as difíceis decisões que todo aspirante a atleta enfrenta ao sair de casa em busca de seu sonho.

Para corroborar com esse pensamento, vale lembrar que a vida útil de um atleta de qualquer esporte é muito mais curta do que o tempo que ele terá na pós-carreira. Levando em conta que os riscos e as incertezas de se tornar um esportista de sucesso – por conta de resultados, lesões ou não adaptação – são consideráveis, é melhor garantir uma boa educação, formação e preparação para que não sejamos pegos de surpresa aos 20 ou 30 anos de idade, tendo de correr atrás do prejuízo.

Procure os bons exemplos dos que foram ou são grandes homens fora de campo. Tenha em mente que você, seu filho ou seu amigo também podem ser e fazer diferente da maioria e, mesmo assim, obter sucesso.

2) Muitos conhecidos, amigos e parentes me procuram constantemente para ajudar um jovem atleta com talento. A maior parte

pede que eu indique um empresário, pois os meninos são bons de bola, se destacam nos seus clubes amadores ou em times juvenis do interior, mas não têm quem dê aquele empurrãozinho. A vontade sempre é de ajudar, de poder fazer a diferença na vida desses garotos que sonham, assim como eu um dia sonhei, se tornar profissionais de futebol.

O problema é que eu mesmo já tive muitas experiências ruins com empresários. Na verdade, não gosto de empresário de futebol e, apesar de acreditar que existam alguns poucos profissionais respeitáveis no mercado, não me vejo no direito de indicar um nome. Essa raça de agentes se tornou vendedora de ilusões e não tem responsabilidade nenhuma com ninguém. Nem com os garotos, nem com os clubes, nem consigo mesma. Ela "garimpa" talentos pelo interior do país, usa sua influência para assinar procurações e contratos com a molecada e só pensa no ganho financeiro em curto prazo. A maioria não é capaz de opinar ou esclarecer dúvidas dos seus representados, nem de dar opções para que o atleta faça sua própria escolha. O que fazem é oferecer, trocar e vender seus "produtos" quando lhes convém.

Por isso, se você é jovem e quer ser jogador de futebol, cuidado em quem deposita as suas esperanças. Empresário às vezes ajuda, mas trabalho e dedicação são seus melhores amigos nessa caminhada. E lembre-se: é você que está contratando o serviço da pessoa, e não o contrário. Ele é seu funcionário e, se o serviço não estiver satisfatório, mande-o embora.

Apesar dessa constatação, ainda acho necessário e fundamental um intermediador nas negociações dos atletas. E, para que isso ocorra, a única solução que vejo para melhorar a qualidade e a transparência no agenciamento dos esportistas é a regulamentação e uma fiscalização mais severa desses profissionais.

32

Considerações finais

Este livro começou a ser escrito no início de 2011, e, em muitas das viagens e concentrações que enfrentei durante o ano, compartilhei trechos e capítulos desta obra com meus companheiros de time, nos quartos, nos ônibus ou nos aviões. Foram experiências marcantes que acabaram me incentivando a continuar escrevendo e acreditando que, mais do que relatar algumas de minhas histórias, eu estava reproduzindo a realidade que milhares de pessoas que sonham ou sonharam ser jogadores de futebol vivem, viveram ou viverão.

Nesses momentos em que lhes oferecia a leitura, o mais gostoso era acompanhá-los e vê-los sorrir ao relembrar suas próprias histórias. Em seus relatos, elas se assemelhavam às minhas mesmo tendo se passado em outros clubes, com outros personagens e em outras épocas. Ao final, diziam que o livro contava com fidelidade a dificuldade de ser atleta no futebol brasileiro e que eu compartilhava sentimentos muito parecidos com os deles nas situações que enfrentei. Por isso, dariam de presente aos familiares e aos amigos, para que entendessem o que eles tinham passado e por onde tinham andado por todos esses anos.

Metade dos meus objetivos tinha sido, de certa forma, alcançada. O passo seguinte era mostrar a evidente necessidade de mudanças no atual formato de vida levado por milhares de jovens brasileiros que sonham com o estrelato no futebol. É claro, e assim espero, que todos os que sonham com o esporte, o sucesso e as conquistas devem ter uma oportunidade de tentar. Mas é inadmissível que essa seja a única saída para a maioria. Num contexto ainda maior, é perda de tempo não usar o apelo que tem o futebol no Brasil para melhorar o nível educacional das futuras gerações. Causa-me arrepios ver jovens abandonados em alojamentos deploráveis, sem frequentar a escola. É também inaceitável que o país do futebol tenha campeonatos deficitários, clubes que não arcam com seus vencimentos, calendário que vai contra os atletas e campos em péssimo estado.

Apesar de constatar esses fatos com tristeza, não tenho uma visão pessimista com relação ao futuro das categorias de base do futebol brasileiro. Pelo contrário, as coisas estão tão decadentes e arcaicas, que qualquer coisa que se faça na legislação, na regulamentação, na organização, na fiscalização e na formação de profissionais capacitados, imbuídos de um propósito maior do que o de revelar uma estrela em um milhão de vidas, será suficiente para melhorar o cenário atual da educação do esporte e brasileiros.

A vida de atleta nunca deixará de ser um exemplo de superação, sacrifícios e lutas. Tampouco deixará de ter altos e baixos, alegrias e tristezas. Permanecerá exatamente igual à de um ser humano que batalha diariamente para conquistar seu conforto, sua tranquilidade e seu sucesso. Ainda assim, continuará inspirando e motivando pessoas ao redor do mundo a seguir em frente em suas batalhas pessoais.

Eu aprendi empiricamente, por meio do esporte, que, se não houver disciplina e dedicação para que os esforços resultem em realizações positivas, estarei fadado ao fracasso. Se não houver sonhos e objetivos que me despertem e me façam explorar todas as forças do meu corpo e do meu ser, não chegarei a lugar algum. Se não houver derrotas e deslizes, não enxergarei que devo aprender e evoluir, e, se não conquistar vitórias, me desestimularei com a vida. Aprendi a não desistir na primeira queda e, mais importante ainda, percebi que a alegria não está na conquista, mas na vida que se leva para chegar lá.

Por isso sou apaixonado pelo esporte e o vejo como a melhor ferramenta de educação de que dispomos, pois todos os valores sociais, como a moral, o respeito, a dignidade e o trabalho em grupo, podem ser inseridos na sua prática.

Aqui fica o relato de alguém que viveu na pele todas as etapas da formação e da profissionalização no futebol. De um sonhador que sobreviveu ao meio e acredita poder deixar algo melhor para quem vem a seguir. Não admito perder a maioria dos próximos sonhadores para o apertado funil das desilusões, dos abandonados e dos despreparados para seguir por outros caminhos se necessário for. Mesmo sabendo que é impossível que todos obtenham sucesso no mesmo setor e na mesma intensidade, sei que é possível melhorar, e muito, o número de pessoas bem-sucedidas na vida.

O jogo da vida continua... Quem sabe agora com novas regras!

Índice onomástico

A

B

C

J

K

L

M

N

O

P

R

S

T

U

V

W

Z

Diretor editorial PASCOAL SOTO
Coordenação editorial TAINÃ BISPO
Produção editorial FERNANDA OHOSAKU e ARTHUR HIGASI
Indicação editorial JUCA KFOURI

Preparação de textos DÉBORA TAMAYOSE LOPES
Revisão de textos MAX GIMENES
Projeto gráfico e paginação A2
Capa FOU.
Foto de capa GABRIEL RINALDI
Tratamento de imagens PIXART

Dados Internacionais de Catalogação na Publicação (CIP)
(Câmara Brasileira do Livro, SP, Brasil)

Benini, Paulo André Cren
O jogo da minha vida : histórias e reflexões de novos um atleta / Paulo André Cren Benini. -- São Paulo : Leya, 2012.

ISBN 978-85-8044-477-3

1. Esportes - Carreira profissional - Desenvolvimento 2. Futebol - Brasil 3. Jogadores de futebol - Autobiografia 4. Jogadores de futebol - Brasil 5. Paulo André, jogador de futebol
I. Título.

12-01405 CDD-796.334092

Índices para catálogo sistemático:
1. Jogadores de futebol

2012

TEXTO EDITORES LTDA.
[Uma editora do Grupo LeYa]
Rua Desembargador Paulo Passaláqua, 86
01248-010 – Pacaembu – São Paulo – SP – Brasil
www.leya.com.br

Este livro foi composto em Garamond e Antique Olive
para a Leya, em fevereiro de 2012.

arquivo pessoal

Meu primeiro troféu, aos 7 anos, pelo futsal da AABB.

arquivo pessoal

Minha mãe me entregando o troféu de artilheiro pela Copa Fanta, em 1993.

arquivo pessoal

Amigos do tempo de Juvenil e a realidade dos alojamentos.

arquivo pessoal

No alojamento do SPFC, lendo.

arquivo pessoal

As famosas bolachas Pica-Pau. Era o momento de alegria do nosso lanche.

arquivo pessoal

Chácara em Águas de Lindoia: simples, porém muito eficaz.

arquivo pessoal

O refeitório. Ao fundo, o Sr. Azizo e o televisor por onde assistíamos à novela.

arquivo pessoal

Chegada ao Guarani, em 2003. Ao fundo, o Brinco de Ouro da Princesa.

arquivo pessoal

Estou no centro. Logo abaixo, o Alex, meu futuro companheiro no Corinthians.

© Orlando Kissner

Atlético Paranaense x Coritiba – meu primeiro jogo na Arena da Baixada.

© Orlando Kissner

Comemoração do segundo gol na vitória contra o Coritiba no Couto Pereira.

arquivo pessoal

Recebendo instruções do alemão Lothar Matthäus.

arquivo pessoal

Entrada na Arena da Baixada.

arquivo pessoal

Entrega do prêmio de melhor zagueiro do Campeonato Paranaense 2006.

© Denis Lambert

Primeira pré-temporada pelo Le Mans.

© Denis Lambert

O bom humor do Grafite após a queda.

© Denis Lambert

Subindo as montanhas de Megève.

Os três brasileiros do Le Mans. Temporada de 2006-2007.

© lemansfc.fr

arquivo pessoal

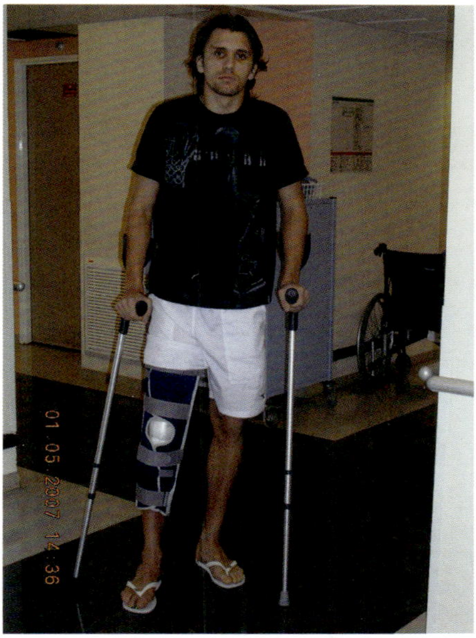

Primeira cirurgia no joelho direito. Paris, janeiro de 2007.

arquivo pessoal

Adriano Lobinho, Elliot e eu, na garagem da casa do Grafite.

arquivo pessoal

arquivo pessoal

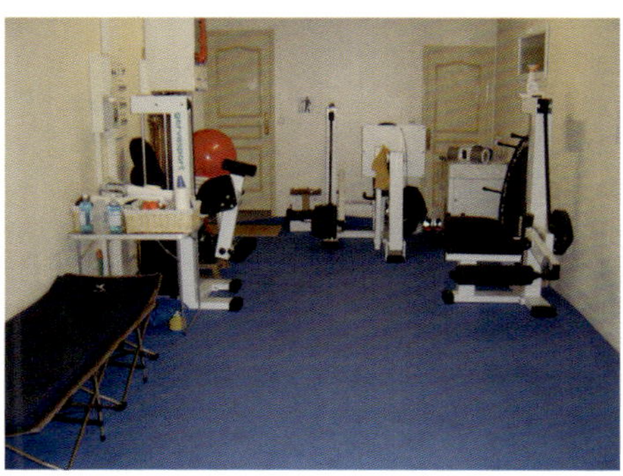

Nossa fisioterapia clandestina e organizada.

arquivo pessoal

São Paulo, July 14, 2009.

LE MANS UNION CLUB 72
Mr. Daniel Jeandupeux
Football Director

Re: Football Player Paulo André

Dear Sirs,

We hereby confirm our interest in the temporary transfer **on free loan** of the player PAULO ANDRÉ from 15th July 2009 to 15th July 2010.

We will negotiate the salary directly with the player and his representatives.

We remain at your disposal for any clarification or further information.

Best regards,

ANDRÉS NAVARRO SANCHEZ
President of the Board

Departamento Jurídico

Principais títulos

Futebol Profissional

1° Campeão Mundial de Clubes (FIFA) • 2000

Tetracampeão Brasileiro
1990 • 98 • 99 • 2005

Campeonato Paulista
14 • 16 • 22 • 23 • 24 • 28 • 29 • 30 • 37 • 38 • 39 • 41 • 51 • 52 • 54 • 77 • 79 • 82 • 83 • 88 • 95 • 97 • 99 • 01 • 03

Copa do Brasil
95(Invicto) • 2002

Torneio Rio - São Paulo
50 • 53 • 54 • 66 • 02

Futebol Junior

Copa São Paulo de Futebol
69 • 70 • 95 • 99 04 • 05

Demais esportes:

ATLETISMO
BASQUETE
BOCHA SUL-AMERICANA
CARTEADO
ESPORTES AQUÁTICOS
FUTEBOL ASSOCIADOS
FUTEBOL DE MESA
FUTEBOL DE SALÃO
FUTEBOL SOCIETY
HANDEBOL
JUDÔ
MALHA
PETECA
REMO
TAEKWONDO
TAMBORÉU
TÊNIS
VÔLEI

Sport Club Corinthians Paulista
Rua São Jorge, 777 • Tatuapé • CEP 03087-000 • São Paulo • SP • Brasil
PABX 55 11 6195-3000 | www.corinthians.com.br

Carta de intenção do Corinthians.

Recebendo instruções de Mano Menezes antes de estrear pelo Corinthians. © Daniel Augusto Jr.

Equilibrando a bola durante um treino físico. © Daniel Augusto Jr.

O amigo e ídolo, Ronaldo Fenômeno. © Daniel Augusto Jr.

Comemorando o gol contra o Botafogo, em junho de 2011.

Julio Cesar, Dentinho, Dodô, eu e Edu Gaspar, na festa do centenário do Timão.

Reabilitação com o chefe de fisioterapia, Bruno Mazziotti.

Tratando uma lesão e observando os companheiros na pré-temporada em Itu, 2011.

Conversando com o Tite sobre o jogo.

Fábio Santos, Ralf, eu e o Leandro Castán – atenção no treinamento tático de bola parada.

Comemoração de gol no rachão.

Última conversa antes de subir para a penúltima rodada do Brasileiro 2011, contra o Figueirense.

Recebendo o troféu Bola de Prata da revista *Placar*.

Recebendo a taça de Campeão Brasileiro na festa da CBF.